Christina

PRAXISHILFEN FÜR DEN KINDERGARTEN 15

Renate Lüber
unter Mitarbeit von Hildegard Enderle
und Hedwig Friedmann-Spath

Unsere Sprache

Es gibt viele Formen der Kommunikation

Wie ein Bilderbuch entsteht

Als Beitrag zum Umweltschutz verzichten wir bei diesem Heft auf das Einschweißen und drucken den Textteil auf umweltfreundlichem, chlorfrei gebleichtem Papier.
Damit die Poster aus den Heften bis zum Gebrauch nicht herausfallen, werden sie in der Heftmitte geklammert. Bitte lösen Sie die mittlere Klammer vorsichtig und nehmen Sie die Poster heraus.

Herder Freiburg · Basel · Wien

Unsere Sprache

Information

◆ Die Sprache ist eines unserer wichtigsten Ausdrucksmittel. Die Fähigkeit zu sprechen ermöglicht uns, mit Hilfe unserer Stimme mit anderen Menschen in Kontakt zu treten. Sprechen und Hören (Verstehen) sind Vorbedingungen für ein Gespräch. Deshalb ist es nötig, daß unser Gegenüber die gleiche Sprache spricht wie wir.

◆ Über die Sprache können wir unsere Gedanken mitteilen, unsere Gefühle ausdrücken und unsere Absichten durchsetzen. Sprache dient der Information und der Unterhaltung. Auch das Singen ist eine Form des Sprechens.

◆ Das Angesprochensein, das Angenommensein, das Gehörtwerden ist wichtig für unsere Entwicklung und unser Wohlbefinden.

◆ Unsere Sprache kann laut und leise, flüsternd, rufend, schreiend, brüllend, flehend, heulend ... sein.

◆ Die Sprache gibt uns die Möglichkeit, uns auch über Distanzen hinweg zu verständigen; über kurze durch Rufen, über weite mit Hilfe von Funk und Telefon.

◆ Die Sprache, die ein Kind nach seiner Geburt erlernt, nennt man Muttersprache. Sprachen, die ein Mensch nach der Muttersprache erlernt, nennt man Fremdsprachen.
In vielen Sprachen findet man regional unterschiedliche Mundarten (Dialekte). Als Normsprache bezeichnet man die allgemein gültige Sprache eines Landes.

◆ Sprachen, die heute als Muttersprache erlernt werden können und die sich somit auch verändern, bezeichnet man als „lebende Sprachen“. Sprachen hingegen, die nicht mehr als Muttersprache gesprochen werden, wie z.B. Latein, bezeichnet man als „tote Sprachen“.

◆ Je kultivierter eine Sprache ist, desto größer ist ihr Wortschatz.

◆ Wie viele Sprachen es auf unserer Erde gibt, kann niemand genau sagen. Sprachen mit schriftlicher Form (Schriftsprachen) kennen wir etwa zweitausend.

◆ Mit Hilfe der Schrift versuchten die Menschen bereits vor Jahrtausenden ihr Denken und Handeln, ihre Sprache festzuhalten. Somit wurde und ist die Schrift das "Gedächtnis" der Menschheit.

Gespräche

◆ Wir konnten bereits hören, bevor wir geboren wurden. Im Bauch der Mutter hörten wir ihre Stimme, wenn sie gesprochen oder gesungen hat, und wir hörten auch die Stimmen anderer Menschen sowie Musik aus dem Radio etc.

◆ Schon als kleines Baby hatten wir unsere Stimme. Wir konnten zwar noch nicht sprechen, jedoch schon ordentlich schreien. An der Art, wie wir geschrien haben, konnte unsere Mutter mit der Zeit erkennen, ob wir Hunger hatten, ob unsere Windel voll war, ob wir auf den Arm genommen werden wollten ...

◆ Als wir wenige Monate alt waren, begannen wir zu lallen und später auch unsere ersten Wörter zu sprechen. Wir lernten, daß jedes Ding einen Namen hat, und wie wir miteinander reden.

◆ So können wir z.B.:
— fragen, wenn wir etwas wissen wollen;
— sagen, was wir haben und tun möchten;
— erzählen, was wir erlebt haben;
— mitteilen, wie wir uns fühlen;
— freundlich miteinander reden;
— uns streiten und anbrüllen ...

◆ Wir haben auch gelernt, Stimmen zu unterscheiden. So können wir unsere Mitmenschen am Klang ihrer Stimme erkennen, auch wenn wir sie nicht sehen.

◆ Es gibt Menschen, die nicht hören können. Da sie keine Worte hören, lernen sie auch nicht, die Worte zu sprechen. Diese Menschen bezeichnet man als taubstumm. Sie lernen mit ihren Händen zu sprechen (Taubstummensprache).

◆ Kinder in anderen Ländern sprechen eine andere Sprache als wir. So sprechen z.B. die Kinder in England englisch, in Frankreich französisch, in Spanien spanisch, in Italien italienisch ...

◆ Mit Kindern, die eine andere Sprachen sprechen, können wir uns entweder durch unseren Gesichtsausdruck und durch Körpergebärden verständigen oder durch das Erlernen ihrer Sprache. Ebenso, wenn sie unsere Sprache erlernen.

Tätigkeiten/Spiele

◆ Doppelwörter

Wir fertigen uns Bildkärtchen, auf denen Gegenstände abgebildet sind. Immer ein Kind sucht sich zwei Kärtchen, die zusammen ein Doppelwort ergeben wie z.B.:

Vogel – Nest = Vogelnest
Blume – Vase = Blumenvase
Baum – Haus = Baumhaus
Spinne – Netz = Spinnennetz
Sonne – Hut = Sonnenhut
Huhn – Ei = Hühnerei
Kind – Schere = Kinderschere ...

Anstelle selbst gefertigter Kärtchen können wir auch Kärtchen von einem Memory oder einem Bilder-Lotto verwenden.

◆ Was klingt ähnlich?

Wir fertigen uns Bildkärtchen an, auf denen Gegenstände dargestellt werden, die ähnlich klingen, wie z.B.:

Beeren – Bären
Tasse – Kasse
Hose – Dose
Kuh – Schuh
Fisch – Tisch
Schiff – Riff
Baum – Raum
Bild – Schild
Schüssel – Schlüssel
Knopf – Topf
Herd – Pferd ...

◆ Wörter verändern

Wir verändern Wörter wie z.B.:

Haus – Maus – Laus – Graus – Klaus – Schmaus ...
Puppe – Suppe – Kuppe – Schnuppe ...
Sonne – Tonne – Wonne ...
Raum – Baum – Traum – Schaum ...
Schüssel – Schlüssel – Rüssel ...
Topf – Knopf – Schopf ...
Tasche – Flasche – Lasche ...
Hose – Dose – Rose ...
Fisch – Tisch ...

◆ Lustige Wörter

Wir denken uns lustige Wörter aus wie z.B.:

Rumpeldumpelmaus
Erdbeerkuchenhaus
Pelikanschnabelente
Langhalskrokodil ...

◆ Wörter suchen

Wir suchen Wörter, die mit A (E, I, O, U) anfangen.

◆ Silben singen

Wir singen eine bekannte Melodie nur mit Silben, wie z.B.:
La (le, li, lo, lu ...).

◆ Stimmen erraten

Einem Kind werden die Augen verbunden. Kinder, die durch Handzeichen ausgewählt werden, beginnen (nacheinander) zu reden. Das Kind mit den verbundenen Augen soll nun die Kinder an ihren Stimmen erkennen.
Steigerung: Wer spricht hinter, vor, rechts oder links von mir?

Wir sprechen auf Tonband. Beim Abspielen versuchen die Kinder, die Stimmen der anderen und ihre eigene wiederzuerkennen.

◆ Reimen

Reime ri, reime ro,
reimen macht uns alle froh.
Reime hin und reime her,
reimen, das ist gar nicht schwer.

Renate Lüber

Nach dem gesprochenen Reim beginnt ein zuvor ausgesuchtes Kind ein Wort, einige Wörter oder einen beliebigen Satz (je nach Alter) zu bilden, und alle versuchen dann gemeinsam weiter zu reimen. Dies können auch lustige Reime sein.

Weiteres zu Tönen und Geräuschen siehe Heft 14, Seite 23.

◆ Pantomimenspiel

Ein Kind denkt sich eine Tätigkeit aus und führt sie vor, wie z.B. Kleider anziehen, Geschirr spülen, Wäsche aufhängen ... Die anderen Kinder sollen erraten, was das Kind darstellt.
Ebenso kann man Gefühlszustände, wie z.B. Traurigkeit, Fröhlichkeit oder Wut ausdrücken und erraten.
Ferner sollen zwei Kinder versuchen, sich ohne Worte, nur durch Mimik, Gestik und Gebärden, zu verständigen.
Um den Einstieg in dieses Spiel zu erleichtern, kann man Themen vorgeben, wie z.B.:
— jemanden zu sich rufen
— zusammen spielen ...

◆ Rollenspiel

eventuell mit Handpuppen
— sich etwas erzählen
— sich streiten ...

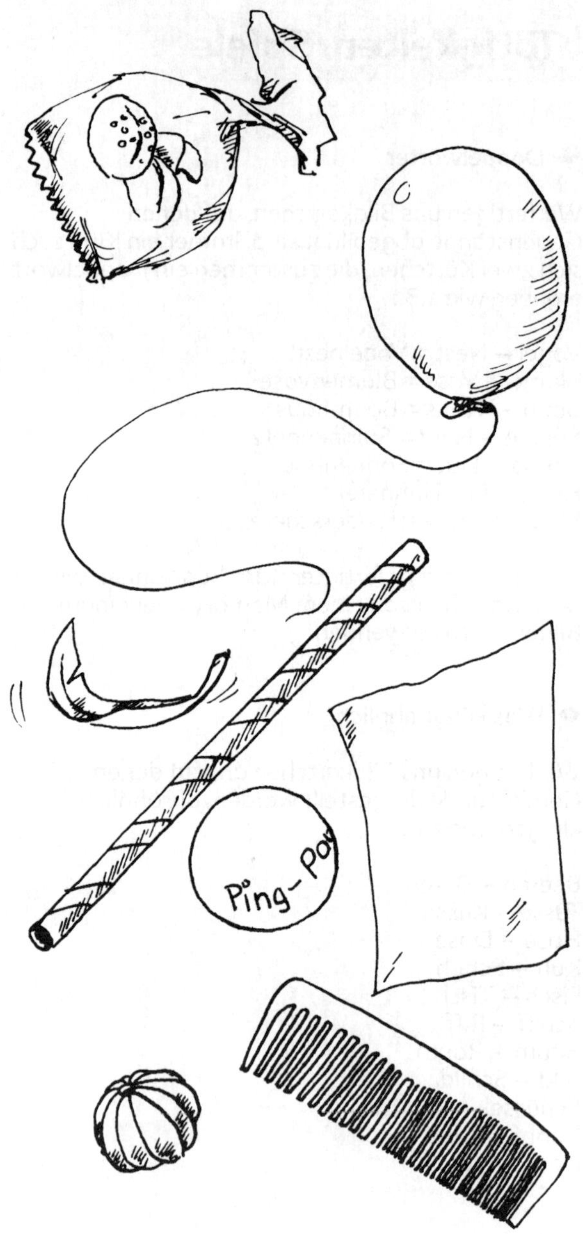

◆ Blasen und Saugen

— Wir blasen Papiertüten oder Luftballons auf.
— Wir blasen eine Feder auf einem Tisch hin und her. Sie darf nicht herunterfallen.
— Wir blasen einen Tischtennisball auf dem Tisch durch ein kleines Tor.
— Mit einem Trinkhalm blasen wir einen Wattebausch (Papierkugel, Perle) vor uns her.
— Wir blasen den Wattebausch auf einer vorgegebenen Bahn entlang.
— Wir saugen den Wattebausch mit dem Trinkhalm an und legen ihn von einem Platz auf einen anderen (von einem in ein anderes Schälchen).
— Wir umwickeln einen Kamm mit Pergamentpapier, halten ihn vor unseren Mund und erzeugen ein summendes Geräusch.

Bilderbücher

Das große Rira-Rutsch-Geschichtenbuch
von Margret Rettich. Loewes Verlag, Bindlach 1995.

Knisters Lach- und Mach-Gedichte
Bilder von Paul Maar. Thienemanns Verlag, Stuttgart/Wien 1991.

Frau Katze geht spazieren
Für kleine Kinder kleine Gedichte von Viktor Christen/Elisabeth Zink-Pingel. Gerstenberg Verlag, Hildesheim 1991.

Bilder und Gedichte für Kinder
von Werner Halle/Klaus Schüttler-Janikulla/Janosch. Georg Westermann Verlag, Braunschweig, Lizenzausgabe für die Benzinger Edition im Arena Verlag, Würzburg 1990.

Sebastian und die Riesenblume
von Ingrid Kötter/Hildegard Müller. Benzinger Edition im Arena Verlag, Würzburg 1994.

Das Gespenst sucht ein Zuhause
von Maria Seidemann/Barbara Moßmann. Benzinger Edition im Arena Verlag, Würzburg 2. Aufl. 1994.

Pony Bär und Abendstern
von Sigrid Heuck. Thienemanns Verlag, Stuttgart 1985.

Aus der Reihe:
Kleine Ravensburger
im Ravensburger Buchverlag, Otto Maier:
Tiere von A bis Z
von Susi Bohdal, 1988.

Das ABC-Buch
Ein Klappbilderbuch von Annet Rudolph. arsEdition, München 1993.

Tier-ABC für Kinder
mit beweglichen Bildern von David Pelham. arsEdition, München 1994.

Ein ABC-Buch
von Christopher Wormell/Rolf Inhauser. Verlag Sauerländer, Aarau 1992.

Lustige ABC Geschichten
von Marlies Rieper-Bastian. Ravensburger Buchverlag, 1995.

Das bunte ABC-Such-Bilderbuch
Zum Schauen und Erzählen, Suchen, Entdecken und Raten von Doris Lecher. Verlag Herder Freiburg/Basel/Wien 1996

Von Apfelbaum bis Zirkuszelt
Ein buntes Abc der Welt von James Krüss/Hans Ibelshäuser. Bibliographisches Institut & F.A. Brockhaus, Mannheim 1994.

Vom Apfelaffen zum Zauberzebra
von Christoph Eschweiler/Wolfgang Brenneisen. Thienemanns Verlag, Stuttgart/Wien 1993.

ABC, der Teufel sitzt im Tee
von Wilfried Blecher. Annette Betz Verlag im Verlag Carl Ueberreuter, Wien/München 1989.

Als die winzige Wühlmaus Wanda ...
26 fabelhafte ABC-Geschichten von Josef Pauls/Eleonore Bohm/Andreas Röckerner. Anrich Verlag, Weinheim 1995.

Erste Wörter
von Angela Wilkes. Carlsen Verlag, Hamburg 1994.

Mein erstes Wörterbuch
von Angela Wilkes/Nina Schindler. Bibliographisches Institut & F.A. Brockhaus, Mannheim 1992.

Mein erstes Lexikon von A-Z
von Betty Root/Nina Schindler. Bibliographisches Institut & F.A. Brockhaus, Mannheim 1993.

Alles hat einen Namen
von Ute Andresen/Egbert Herfurth. Ravensburger Buchverlag, 1994.

Mein buntes Bild-Wörter-Buch
mit Überraschungsbildern zum Aufklappen von Brenda Apsley/Colin King/Ian Butterworth. Verlag Herder, Freiburg/Basel/Wien 1994.

Klicketi-klick klicketi-klack
Was wird für das Kind in den Koffer gepackt?
Ian Penney/Antony Lishak/James Krüss. Verlag Herder, Freiburg/Basel/Wien 1994.

Herders großes Bilderlexikon
von Robert André/Georg Telemann. Verlag Herder, Freiburg/Basel/Wien Neuausgabe 1995.

Erste Wörter — Berühmte Bilder
von Lucy Micklethwait. arsEdition, München 1994.

Viel Spaß mit Onkel Tobi
Alle Geschichten in einem Band von Hans Georg Lensen/Sigrid Hauck. C. Bertelsmann Verlag, München 1994.

Bitte weitersagen! Das Eichhörnchen hat Geburtstag, aber das Fest findet bei der Eule statt
von Luc Heroé/Sjlvi Auzary-Luton. Verlag KERLE, Wien 1995. (im Verlag Herder und Co.)

Ich sag dir was
Ein Bilderbuch vom Reden und Zuhören
deutsch von Susanne Härtel. ars edition, München 1995.

Ich will, ich will, ich will!
von Tony Ross. Carlsen Verlag, Hamburg 1995.

Weißt du eigentlich, wie lieb ich dich hab?
von Sam McBratney/Anita Jeram. Verlag Sauerländer Aarau/Frankfurt/Salzburg 1994.

Zähle die Tiere
Mein erstes Zählbuch in Deutsch — Englisch — Französisch — Italienisch — Türkisch — Schweizerdeutsch
von John Rowe. Benzinger Edition im Arena Verlag, Würzburg 1995.

Meine wunderbare Märchenwelt
Die 20 schönsten Märchen der Brüder Grimm/Barbara Bedrischka-Bös. Verlag Herder, Freiburg/Basel/Wien, 5. Aufl. 1994.

Bücher für Erzieher und Eltern

Alte Kinderspiele
von Johanna Woll. Verlag Eugen Ulmer, Stuttgart 1988.

Klassische Kinderspiele
von Peter Thiesen. Beltz Verlag, Weinheim/Basel 1993.

Der Fuchs geht um ... auch anderswo
Ein multikulturelles Spiel- und Arbeitsbuch
von Michaela Ulrich/Pamela Oberhuemer/Almut Reidelhuber. Beltz Verlag, Weinheim/Basel 5. Aufl. 1995.

Eins, zwei, drei, rische rasche rei
Kinderspielverse
von Susanne Stöcklin-Meier. Ravensburger Buchverlag Otto maier, 1987.

Kunterbunte Kinderreime
von René Spitz. Loewes Verlag, Bayreuth 1978.

Schlafen Mücken auf dem Rücken?
Verse und Spiellieder für Kinder
von Christa Wißkirchen. Don Bosco Verlag, München 1994.

Ich will dir was verraten
von Josef Guggenmos. Beltz Verlag, Weinheim/Basel 1992.

Das Jahreszeiten-Reimbuch
von Ilse Walter. Verlag Herder, Freiburg/Basel/Wien 1992.

Kinder lernen sprechen
Eine spielerische Sprachförderung
von Gerda Pighin/Margit Sillaber. Pattloch Verlag, Augsburg 1992.

Sprechen und Spielen
Alte und neue Wortspiele
von Susanne Stöcklin-Meier/Lisa Gangwisch. Ravensburger Buchverlag, 1995.

Das ist der Daumen Knuddeldick
Fingerspiele und Rätsel
von Marga Arndt/Waltraut Singer. Otto Maier Verlag, Ravensburg, 11. Auflage 1994

Der neue Daumen Knudeldick
von Waltraut Singer/Erika Schirmer. Ravensburger Buchverlag, Otto Maier 1994.

Sprachspiele für Kinder
von Waltraut Singer/Cornelia Funke. Ravensburger Buchverlag, 1995.

Al fin Serafin
Kinderverse aus vielen Ländern
von Silvia Hüsler. Atlantis Kinderbücher, Verlag pro juventute Zürich, 1993.
Dazu gibt es eine MC

Selbst Riesen sind am Anfang klein
Geschichten zum Vorlesen
von Sabine Brügel-Fritzen/Julia Wittkamp. Verlag Heinrich Ellermann, München 1993.

30 Geschichten zum Verschenken
von Max Bolliger/Iris Buchholz. Verlag Ernst Kaufmann, Lahr 1991.

Die schönsten Tiergeschichten
von Anna Braun. Benzinger Edition im Arena Verlag, Würzburg 1995.

Aus der Reihe:
Praxisbuch Kindergarten
im Verlag Herder, Freiburg/Basel/Wien:
Auf Kinder hören -- mit Kindern reden
Gespräche und Spiele im Kindergarten
von Hedi Friedrich, 5. Aufl. 1995.
Sprache haben – Sprechen können
Hilfen für sprach- und verhaltensauffällige Kinder im Kindergarten
von Adelheid von Schwerin, 7. Aufl. 1995.

Sprache und Spiel im Kindergarten
von Rose Götte. Beltz Verlag, Weinheim/Basel 1994.

Handbuch der Gesprächsführung
Problem- und Konfliktlösung im Kindergarten
von Eva Maria Leupold. Verlag Herder, Freiburg/Basel/Wien 1995.

Ich sage, was ich meine
Lebendige Kommunikation in der Familie
von Jacques Salomé. Ravensburger Buchverlag, Otto Maier 1994.

Geschichten

Sonntagsüberraschung für den Hamster

Die Maus strampelte die Decke weg und sprang aus dem Bett. Ich werde dem Hamster eine Sonntagsüberraschung bereiten, dachte sie. Ja, so etwas kann ich schon!
Stolz schaute sie in den Spiegel. Groß bin ich nicht. Eher klein. Aber tüchtig!
Sie strich ihre Barthaare glatt, verabschiedete sich von ihrem Spiegelbild und hüpfte hinaus.
Der Hamster saß beim Frühstück. Als die Maus ins Zimmer kam, faltete er die Zeitung zusammen.
„Schön, daß du mich mal besuchst", sagte er und schob ihr ein Brötchen hin.
„Ich komme nicht einfach zu Besuch", nuschelte die Maus mit vollem Mund, „ich komme in einer wichtigen Angelegenheit!"
„Da bin ich aber gespannt!" sagte der Hamster erwartungsvoll.
Die Maus bohrte einen Gang in ihr Brötchen und rollte das Innere langsam zu einer Kugel.
„Nun sag schon!" drängte der Hamster.
Die Maus ließ noch eine Brötchenkugel auf ihrer Zunge zergehen, ehe sie antwortete. „Weil heute Sonntag ist, werd' ich dich", sie legte ihr Brötchen auf den Teller und reckte sich, „also, ich werde dich mit einer Super-Sonntags-Überraschung überraschen!"
Triumphierend sah sie den Hamster an. Der schwieg voll Bewunderung.
„Oder glaubst du etwa, daß ich dafür zu klein bin?" fragte die Maus.
„Aber ganz und gar nicht", versicherte der Hamster.
Die Maus kicherte. „Und nun bist du wohl schrecklich neugierig, nicht wahr?"
Der Hamster nickte: „Schrecklich neugierig! Willst du nicht wenigstens eine klitzekleine Andeutung machen?"
Die Maus steckte den Brötchenrest in den Mund und schüttelte den Kopf.
„Von mir erfährst du nichts! Sonst ist es doch keine Überraschung mehr."
„Ist auch wieder wahr", sagte der Hamster.
Die Maus kippelte eine Weile auf ihrem Stuhl hin und her. Schließlich sagte sie: „Kannst du mir vielleicht nur ein ganz kleines bißchen behilflich sein?"
„Was soll ich tun?" fragte der Hamster.
„Ich brauche das Rezept für deinen Lieblingskuchen!" bat die Maus.
Der Hamster zog das dicke Backbuch aus dem Regal und schlug es auf der Seite mit dem Fettfleck auf. Die Maus beugte sich über das Buch und fuhr mit der Pfote unter den Zeilen entlang. Als sie bei der letzten Reihe angekommen war, sagte sie: „Habe ich dir schon erzählt, daß ich noch nicht lesen kann?"
Da putzte der Hamster seine Brille, räusperte sich und las vor: „Butter, Honig, Mehl und Eier gut verrühren, eine Stunde backen."
Die Maus hörte aufmerksam zu. „Aha", nickte sie, „so geht das also."
Sie drehte ihre Barthaare um die Pfote.

„Da ist noch eine Kleinigkeit", sagte sie.
„Ich habe mein Taschengeld schon ausgegeben und konnte nichts mehr einkaufen."
Da ging der Hamster in die Speisekammer und holte Butter, Mehl, Honig und Eier.
Die Maus schleckte ein wenig vom Honig, probierte das Mehl und die Butter und zählte die Eier.
Aber dann verfinsterte sich ihre Miene.
„Meine Mutter läßt mich nicht mehr in die Küche, weil ich gestern den Pfannkuchenteig verkleckert habe."
„Dann arbeite hier!" schlug der Hamster vor.
„Aber wirst du dann nicht versuchen, die Überraschung auszuspionieren?" fragte die Maus mißtrauisch.
„Bestimmt nicht!" versprach der Hamster und steckte die Nase wieder in die Zeitung.
Die Maus warf die Zutaten in eine Schüssel und begann zu rühren.
Bald tat ihr der Arm weh, und sie ließ sich erschöpft auf den Stuhl sinken.
Schüchtern klopfte sie an die Zeitung und fragte: „Könntest du mich wohl ein bißchen ablösen?"
Da kam der Hamster hinter seiner Zeitung hervor. Er nahm den Rührlöffel und rührte, daß der Teig hohe Wellen schlug. Die Maus steckte eine Pfote in die Schüssel und ließ sich den Teig auf die Zunge tropfen.
„Einfach köstlich!" sagte sie und rieb sich den Bauch.
Sie kostete noch ein zweites Mal. Dann schaute sie den Hamster bittend an und sagte: „Ich fürchte mich vor dem heißen Backofen."
Da schob der Hamster die Kuchenform ins Rohr, und bald zog ein herrlicher Duft durch die Küche. Die Maus schnupperte und schloß die Augen.
„Ich kenne die Uhr nicht", sagte sie beiläufig, „sagst du mir Bescheid, wenn die Stunde vorbei ist?" Sie aß noch ein Brötchen, trank ein Glas Milch und ließ sich vom Hamster aus der Zeitung vorlesen.
Dann war es soweit.
„Der Ofen ist jetzt wohl noch heißer als eben!" vermutete die Maus. Da nahm der Hamster den Kuchen heraus und stellte ihn auf den Tisch.
„Das wäre geschafft", sagte die Maus stolz. „Jetzt mußt du draußen warten, bis ich dich hereinrufe!"
Der Hamster ging hinaus.
„Aber nicht durchs Schlüsselloch schauen, hörst du?" rief die Maus hinter ihm her. Sie betrachtete den Kuchen andächtig, knabberte ihn auch ein wenig an. Probehalber. Und an einer Ecke, wo es nicht auffiel.
Sie strich sich die Krümel aus den Barthaaren und deckte den Kuchen mit der Zeitung zu.
„Kannst kommen!" rief sie und machte die Tür weit auf.
„Ich wünsche dir einen schönen Sonntag!" jubelte die Maus und zerrte den Hamster in die Küche.
„Stell dir vor, ich habe eine Sonntags-Überraschung für dich! Schau mal unter der Zeitung nach!"
Vorsichtig kam der Hamster näher.
„Trau dich ruhig!" sagte die Maus und hüpfte aufgeregt von einem Bein auf das andere.
Der Hamster zögerte noch einen Moment, dann hob er die Zeitung hoch.
„Jetzt staunst du, nicht wahr?" fragte die Maus.
„Donnerwetter!" sagte der Hamster.
„Wo ich doch so gerne Kuchen esse. Noch dazu meine Lieblingssorte!"
„Das hättest du wohl nicht gedacht, daß ich so etwas schon kann!" strahlte die Maus.
„Donnerwetter", sagte der Hamster noch einmal.
„Du bist wirklich tüchtig!"
Die Maus nickte.
„Das finde ich auch!" sagte sie glücklich und strich ihre Barthaare glatt.

Frauke Nahrgang

Der kleine Zoowärter versteht die Sprache der Tiere

Einmal suchte der Zoodirektor einen neuen Zoowärter. Der alte Zoowärter hatte nämlich Streit mit dem frechen Papagei bekommen, und darum war er gegangen. Viele Männer meldeten sich. Der Zoodirektor bestellte sie zu sich. Und da standen sie nun im Kreis, und alle Tiere starrten sie an.
„Ich bin der Stärkste", sagte einer der Männer. „Ich kann einen Löwen auf meinem Rücken tragen."
„Ich bin der Dickste!" rief ein anderer. „Mich wirft nicht einmal der Bär um!"
„Und ich bin der Flinkste!" schrie ein dritter. „Mich holt kein Wildpferd ein!"
Ein vierter wollte der Mutigste sein, der fünfte der Pünktlichste, und der sechste war taub.
„So macht mir das Heulen der Wölfe nichts aus", meinte er.
„Hm", brummte der Zoodirektor, und er wußte nicht recht, für wen er sich entscheiden sollte.
Die Tiere aber fauchten und brummten, wieherten und fiepten, und man merkte deutlich, daß sie etwas sagen wollten.
„Sie möchten, daß ich hier Zoowärter werde", sprach da plötzlich jemand, und der Zoodirektor bemerkte einen kleinen Mann.
„Du?" schrien die anderen, und sie lachten und schlugen sich auf die Schenkel. „Dich hustet ja ein Floh um!"
„Du bist der Kleinste", sagte der Zoodirektor. „Was kannst du?"
„Ich verstehe die Sprache der Tiere", entgegnete der kleine Mann, und er wurde vor lauter Verlegenheit ganz rot.

Die anderen glaubten ihm nicht.
„Das soll er beweisen!" brüllten sie. „Beweisen soll er das!"
Da legte der kleine Mann die Hand hinter sein Ohr und lauschte.
„Der Tiger hat einen Dorn in der Pfote", sagte er. „Und er will, daß ich ihn herausziehe."
„Er wird dich zum Frühstück verspeisen!" rief der Mann, der sich mutig genannt hatte.
Der kleine Mann aber ging ganz ruhig in den Tigerkäfig. Er kraulte den Tiger zwischen den goldenen Augen, dann bückte er sich und zog ihm den Dorn aus der Tatze.
„Danke schön", sagte der Tiger.
„Bitte schön", entgegnete der kleine Mann, „gern geschehen."
„Nein!" schrien die großen Männer. „Das war nur ein Zufall! – Er soll uns sagen, was der Seehund will!"
Der Seehund jaulte nämlich ganz aufgeregt und sprang hin und her.
„Er will einen Ball", erklärte der kleine Mann, und schon zog er einen aus der Tasche und warf ihn dem Seehund zu. Und der Seehund balancierte ihn auf seiner Seehundnase und war so glücklich wie noch nie.
Der bunte Papagei aber, der früher immer recht garstig gewesen war, flog dem kleinen Zoowärter auf die Schulter und krächzte: „Herzlich willkommen!"
„Die Tiere haben entschieden", sagte der Zoodirektor.
Und er schickte die anderen Männer fort. Der kleine Zoowärter aber zog seine Mütze und begrüßte die Tiere. Da machten die Wölfe Männchen, die Giraffe verbeugte sich dreimal, der Eisbär schlug einen Purzelbaum, und der Esel warf alle vier Beine in die Luft.
„Sag mir, wieso du die Sprache der Tiere beherrschst", fragte der Zoodirektor verwundert, und er überreichte dem kleinen Zoowärter zum Dienstantritt einen Blumenstrauß.
„Das ist ganz einfach", sagte der kleine Zoowärter. „Ich habe die Tiere sehr lieb, und wenn man jemanden wirklich liebhat, dann versteht man ihn auch."
Und er rückte seine Mütze gerade und machte sich an die Arbeit.

Gina Ruck-Pauquèt

Reime

Aus: Joachim Ringelnatz, Das Gesamtwerk in sieben Bänden

Ein Federchen flog über Land.
Ein Nilpferd schlummerte im Sand.
Die Feder sprach: „Ich will es wecken!"
Sie liebte, andere zu necken.
Aufs Nilpferd setzte sich die Feder
und streichelte sein dickes Leder.
Das Nilpferd öffnete den Rachen
und mußte ungeheuer lachen.

Joachim Ringelnatz

◆

Der Knopf,
der Knopf,
der Hosenknopf,
das ist der Knopf
der knallt.

Volksgut

(Die Wörter „Knopf" und „knallt" werden am Wortanfang mit einem Schnalzlaut gesprochen.)

◆

Spissi spassi Casperladi
hicki hacki Corbonadi
trenschi transchi Appetiti
fressi frassi fetti fitti
schlicki schlucki Casperluki
dricki drucki mameluki
michi machi Casperlores
spissi spassi tschu capores

Franz Pocci

◆

Das Apfelkuchen-Abc
A das ist ein Apfelkuchen,
B der wollte ihn besuchen,
C möcht ihn nach China schicken,
D vor Freude an sich drücken,
E wollt ihn gern essen,
F ein Stückchen fressen,
G will ihn dem Kindlein geben,
H ihn in die Höhe heben,
IJ möchte nach ihm jagen,
K kriegt ihn beim Kragen,
L mag ihn gern leiden,
M muß stets ihn meiden,
N will sich den halben nehmen,
O sagt: O du mußt dich schämen,
P will ihn gleich packen,
Q fängt an zu quaken,
R fängt an zu rufen,
S beginnt zu suchen,
T darf ihn dann tragen,
U will ihn umrennen,
V ihn verbrennen,
W will das nicht wagen.
Schließlich aber tragen
Ihn auf einem Kuchenbrett
XYZ.

Volksgut

ABC, Kopf in die Höh'!
DEF, wart', ich treff'!
GHI, das macht Müh'!
JKL, nicht so schnell!
MNO, lauf nicht so!
PQR, das ist schwer!
STU, hör mir zu!
VWX, mach 'nen Knix!
Ypsilon, Z, geh zu Bett!

Volksgut

◆

Die Heinzelmännchen
Wie war zu Köln es doch vordem
mit Heinzelmännchen so bequem!
Denn, war man faul -- man legte sich
hin auf die Bank und pflegte sich:
Da kamen bei Nacht,
eh man's gedacht,
die Männlein und schwärmten
und klappten und lärmten
und rupften
und zupften
und hüpften und trabten
und putzten und schabten,
und eh ein Faulpelz noch erwacht,
war all sein Tagewerk bereits gemacht!

Die Zimmerleute streckten sich
hin auf die Spän und reckten sich.
Indessen kam die Geisterschar
und sah, was da zu zimmern war.
Nahm Meißel und Beil
und die Säge in Eil;
sie sägten und stachen
und hieben und brachen,
berappten
und klappten,
visierten wie Falken
und setzten die Balken.
Eh sich's der Zimmermann versah,
klapp, stand das ganze Haus schon fertig da!

Beim Bäckermeister war nicht Not,
die Heinzelmännchen backten Brot.
Die faulen Burschen legten sich,
die Heinzelmännchen regten sich --
und ächzten daher
mit den Säcken schwer!
Und kneteten tüchtig
und wogen es richtig
und hoben
und schoben
und fegten und backten
und klopften und hackten.
Die Burschen schnarchten noch im Chor:
Da rückte schon das Brot, das neue, vor!

Beim Fleischer ging es just so zu:
Gesell und Bursche lag in Ruh.
Indessen kamen die Männlein her
und hackten das Schwein die Kreuz und Quer.
Das ging so geschwind
wie die Mühle im Wind!

Die klappten mit Beilen,
die schnitzten an Speilen,
die spülten,
die wühlten,
und mengten und mischten
und stopften und wischten.
Tat der Gesell die Augen auf,
wapp, hing die Wurst schon da im Ausverkauf!

Beim Schenker war es so: es trank
der Küfer, bis er niedersank,
am hohlen Fasse schlief er ein,
die Männlein sorgten um den Wein
und schwefelten fein
alle Fässer ein
und rollten und hoben
mit Winden und Kloben
und schwenkten
und senkten
und gossen und pantschten
und mengten und manschten.
Und eh der Küfer noch erwacht,
war schon der Wein geschönt und fein gemacht!

Einst hat ein Schneider große Pein:
Der Staatsrock sollte fertig sein;
warf hin das Zeug und legte sich
hin auf das Ohr und pflegte sich.
Da schlüpften sie frisch
in den Schneidertisch
und schnitten und rückten
und nähten und stickten
und faßten
und paßten
und strichen und guckten
und zupften und ruckten.
Und eh mein Schneiderlein erwacht,
war Bürgermeisters Rock bereits gemacht!

Neugierig war des Schneiders Weib
und macht sich diesen Zeitvertreib:
Streut Erbsen hin die andere Nacht,
die Heinzelmännchen kommen sacht:
Eins fährt nun aus,
schlägt hin im Haus,
die gleiten von Stufen
und plumpsen in Kufen,
die fallen
mit Schallen,
die lärmen und schreien
und vermaledeien!
Sie springt hinunter auf den Schall
mit Licht: husch, husch, husch — verschwinden all!

O weh! Nun sind sie alle fort,
und keines ist mehr hier am Ort!
Man kann nicht mehr wie sonsten ruhn,
man muß nun alles selber tun!
Ein jeder muß nun fein
selbst fleißig sein
und kratzen und schaben
und rennen und traben
und schniegeln
und biegen
und klopfen und hacken
und kochen und backen.
Ach, daß es noch wie damals wär!
Doch kommt die schöne Zeit nicht wieder her!

August Kopitsch

Abzählreime

(Volksgut)

A, e, i, o, u
raus bist du!

◆

Eins, zwei, drei,
rische, rasche, rei,
rische, rasche,
Plaudertasche
du bist frei!

◆

Ix, ax, u,
raus bist du!

◆

Zirle, Mirle, Dudeldirle,
Zirle, Mirle, weg!

◆

Ebberte, bebberte, zibberte za,
ribberte, bibberte, bon,
knabberte, babberte, zabberte za,
schubberte, knubberte, knon.

Zungenbrecher

In Klagenfurt klappern die Klapperstörche
klipp, klapp, klapp.
Klipp, klapp, klapp klappern die Klapperstörche
in Klagenfurt.

◆

Schnellsprechsprüchli, Schnellsprechsprüchli ...

◆

Wenn ich weiß, was du weißt,
und du weißt, was ich weiß,
dann weiß ich, was du weißt,
und du weißt, was ich weiß.

Fingerspiele

Ix, ax, ux,
der rote Fuchs,
die graue Maus,
und du bist draus.

Volksgut

So wird gespielt:
Die Hände werden mit gespreizten Fingern gegeneinander gehalten. Im Rhythmus des Textes werden jeweils die zwei gegenüberliegenden Fingerspitzen (die Daumen, die Zeigefinger ...) zusammen getippt und wieder gelöst.

Weitere Zungenbrecher/ Schnellsprechverse siehe in den bereits erschienenen Heften dieser Reihe.

Rätsel

(Volksgut)

Es gehört mir, aber die anderen
gebrauchen es mehr als ich.
(mein Name)

Sag mir doch den Vogel an,
der seinen Namen nennen kann!
(Kuckuck)

Wer spricht alle Sprachen,
ohne eine einzige gelernt zu haben?
(Echo)

Steigerung: Die Fingerspitzen werden aneinandergelegt. Im Textrhythmus werden jeweils die zwei aneinander liegenden Fingerspitzen auseinander und wieder zusammen getippt.
Variation: Der Text wird leise gesprochen und die Fingerspitzen werden mit geschlossenen Augen aneinander getippt.

Fingerspiellied
siehe Heft 1, Seite 6.

Malreime

(Sprechzeichen)

Punkt, Punkt, Komma, Strich,
fertig ist das Mondgesicht.
Und zwei kleine Ohren dran,
fertig ist der Hampelmann.

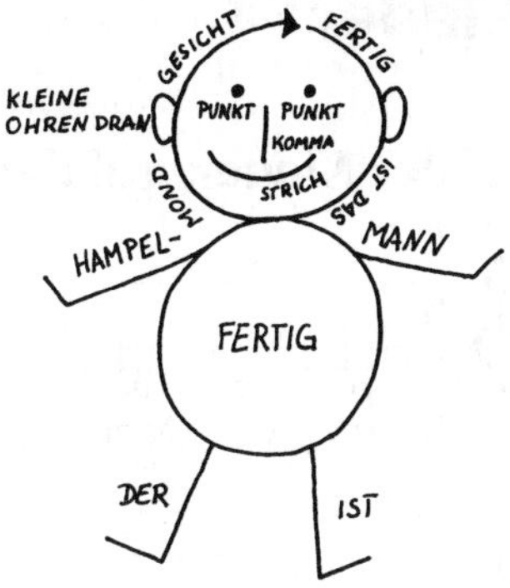

Das ist das Haus
vom Nikolaus.

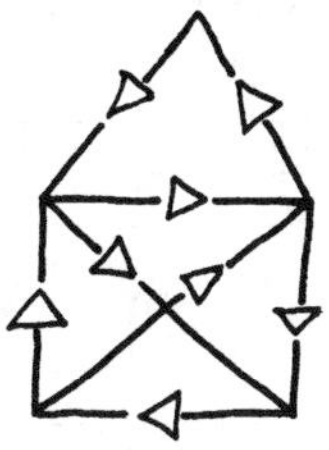

Der Kreis, der ist so schön und rund,
und mit der Farbe wird er bunt.

Schaukel hin und schaukel her,
schaukeln, das ist gar nicht schwer.

Lirum — Larum — Löffelstiel,
wer das nicht kann, der kann nicht viel.

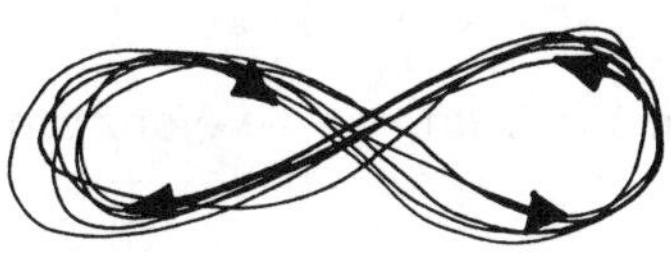

Die Schwungübungen machen wir mit der rechten und der linken Hand. Ebenfalls mit beiden Händen gleichzeitig.
Wir können sie auch mit unseren Füßen ausführen.

Zungengeschichte

Herr Zunge kommt aus seinem Haus,	*(Zunge herausstrecken)*
er schaut zum Himmel, um zu sehen, ob die Sonne scheint,	*(Zunge nach oben)*
er schaut auf den Boden, um zu sehen, ob es geregnet hat,	*(Zunge nach unten)*
er will seinen Hausputz machen und sucht seine Bürste erst auf der Seite des Hauses,	*(Zunge rechts)*
dann auf der anderen Seite,	*(Zunge links)*
dort findet er sie. Jetzt putzt er das ganze Haus von außen,	*(Zunge leckt die Lippen ab)*
er geht zurück ins Haus und schrubbt die Wände und den Boden,	*(Zunge innen um die Zähne)*
zum Schluß macht er auch noch die Treppe sauber.	*(Zunge am Gaumen)*
Nach der ganzen Arbeit ist er natürlich furchtbar müde, so müde, daß er ins Bett geht.	*(Mund weit auf, dann Lippenschluß).*

Lieder

Weitere Lieder siehe:Heft 5, Seite 40f; Heft 12, Seite 13.

Auf der Mauer, auf der Lauer

Volksgut

2. Auf der Mauer, auf der Lauer, liegt 'ne kleine Wanz,
   auf der Mauer, ...
   Sieh dir mal die Wanz an, wie die Wanz tanz kann.
   Auf der Mauer, ...

3. Auf der Mauer, auf der Lauer, liegt 'ne kleine Wan,
   auf der Mauer, ...
   Sieh dir mal die Wan an, wie die Wan tan kann.
   Auf der Mauer, ...

4. Auf der Mauer, auf der Lauer, liegt 'ne kleine Wa,
   auf der Mauer, ...
   Sieh dir mal die Wa an, wie die Wa ta kann.
   Auf der Mauer, ...

5. Auf der Mauer, auf der Lauer, liegt 'ne kleine W,
   auf der Mauer, auf ...
   Sieh dir mal die W an, wie die W t kann.
   Auf der Mauer, ...

Drei Chinesen mit dem Kontrabaß

Volksgut

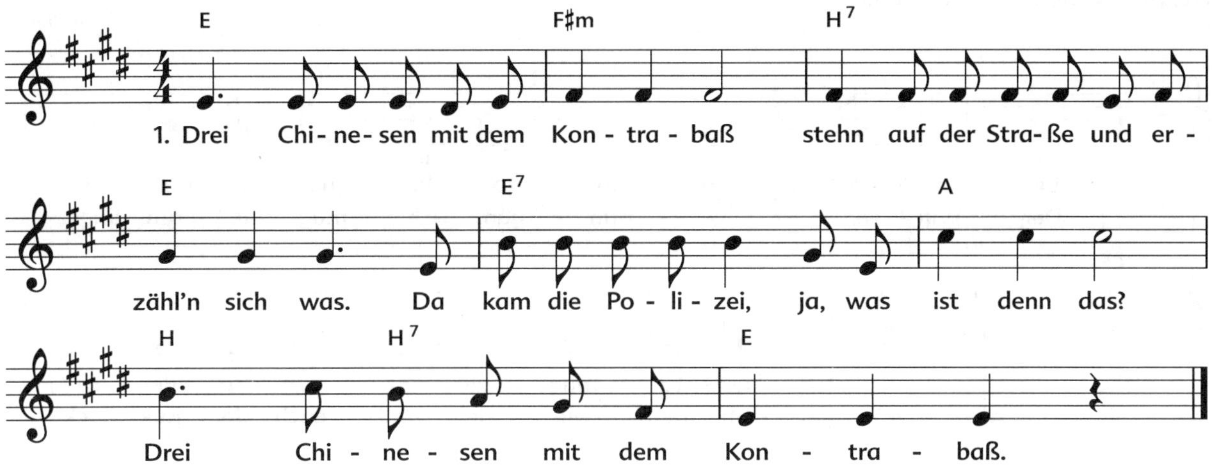

2. Dra Chanasan mat dam ...
3. Dre Chenesen met dem ...
4. Dri Chinisin mit dim ...
5. Dro Chonoson mot dom Kontroboß ...
6. Dru Chunusun mut dum Kuntrubuß ...
7. Drau Chaunausaun maut daum Kauntraubauß ...
8. Drä Chänsäsän mät däm Känträbäß ...
9. Dreu Cheuneuseun meut deum Keuntreubeuß ...
10. Drei Cheineisein meit deim Keintreibeiß ...

Aus: Klaus W. Hoffmann: „So singt und spielt man anderswo", Aktive Musik Verlagsgesellschaft, Dortmund 1992

Der Winter ist vergangen
L'inverno se ne è andato

Italien

Spatzen-Internationale

N.B.: Melodie kann als Zwischenstrophe auch (ohne Text) gepfiffen werden.

2. Laß uns erst nach Frankreich gehen
und die Spatzen dort besehen.
Dann entsteht von selbst der Satz: *A la dasch pfeiffé la schpatz!*

3. Fahren wir, wie Spatzen heiter,
mit dem Schiff nach England weiter,
dann heißt dort der gleiche Satz: *Off the dack, da five the spats!*

4. Wenn wir nun nach Osten reisen,
wird der Satz ganz anders heißen.
Russisch hieße dieser Satz: *Joi, auf datschka pfaif schtrrbatz!*

5. Führen wir dann weiter südlich,
spatzenfroh und ganz gemütlich,
hörten wir in Rom den Satz: *Alla dacca faiffa spazz!*

6. Wer die Spatzen will begreifen,
die von allen Dächern pfeifen,
denke dran, sie sind nun mal
wirklich international!

Weitere Lieder in anderen Sprachen siehe
Heft 2, S. 15;
Heft 8, S. 9;
Heft 9, S. 25.

Singspiele

Atte katte nuwa

aus: DER EISBRECHER Fassung von Ulrich Kabitz Melodie aus Lappland

Dies ist eine Robbenfängergeschichte zum Mitspielen:

Ein Robbenfänger steht eines Morgens vor seinem Haus und hält Ausschau, wie das Wetter wird (*Hand vor die Augen halten und in den Himmel gucken*).
„Heute ist das beste Wetter zum Robbenfang", denkt er sich. Er holt aus dem Schuppen sein Boot, die Ruder und das Netz. Er setzt das Boot ins Wasser und rudert los (*Ihr macht Ruderbewegungen und singt: Atte katte nuwa ...*).
Nach einer Weile läßt er die Ruder sinken und schaut nach Robben aus (*Ihr haltet die Hand vor die Augen und singt: hexa ...*).
Nichts zu sehen. Er rudert noch ein Stück weiter (*Atte katte nuwa ...*), doch er wird müde und rudert nun langsamer (*die Ruderbewegungen werden langsamer*).
Doch was sieht er in der Ferne: Die Robben!
Vorsichtig rudert er zu ihnen hin (*leiser Gesang: Atte katte nuwa ...*). Er holt sein Netz und wirft es dann mit einem Ruck über die Robbe. Schnell und kräftig zieht er das Netz ein (*schwerfällig: hexa ...*).
Zufrieden betrachtete er die dicke Robbe und freut sich (*Ihr reibt Euch die Hände und lacht*).
Nun will er sich auf den Heimweg begeben, doch da ...
Dichtet die Geschichte doch selbst weiter, es kann ja noch einiges passieren. Vielleicht kommt ein Sturm auf, oder ihm tut die Robbe dann nachher doch noch leid ...

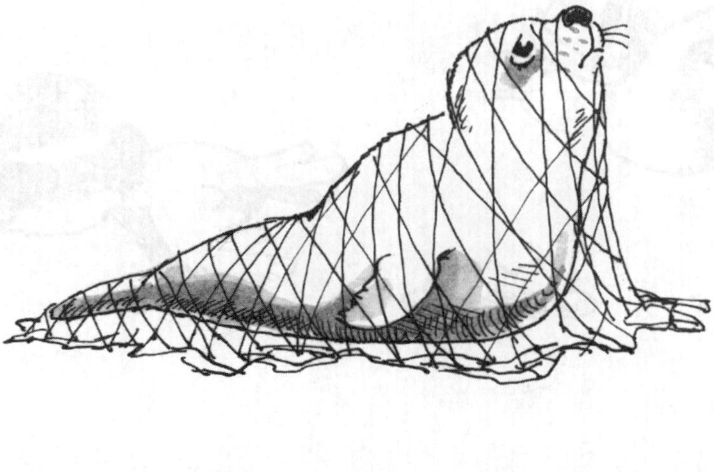

U gonni gonnissa

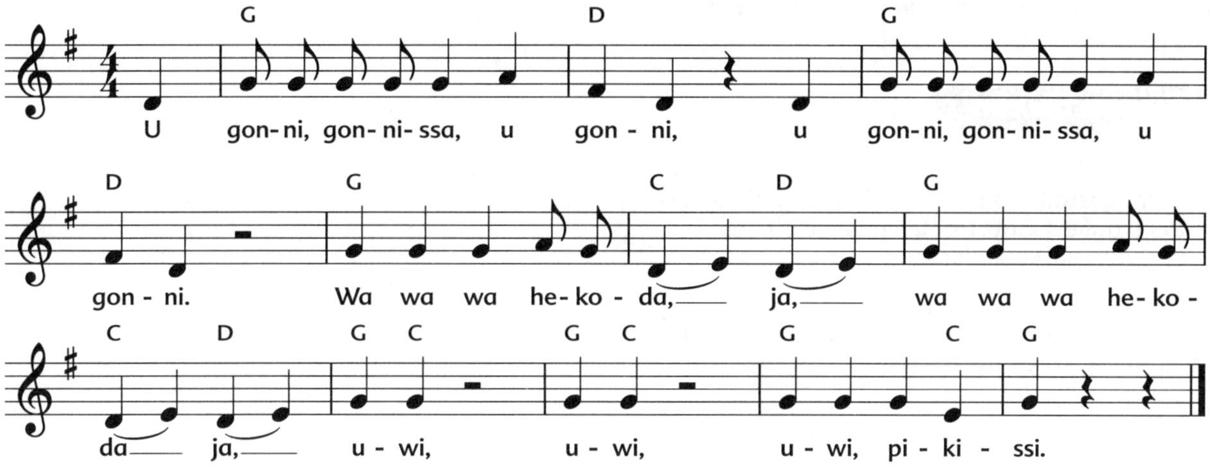

aus:
DIE MAULTROMMEL
Fassung von Johannes Holzmeister

Na, wo spricht man wohl so?
Tja, höchstwahrscheinlich in Afrika, also:
Wir sind alle Afrikaner und wollen unsere Freunde im Nachbardorf besuchen.
Wir haben den Bus verpaßt — der Weg ist lang und anstrengend, also singen wir unterwegs das Lied.
Wir gehen durch hohes Gras (*mit den Armen den Weg frei machen*), hören Tiere schreien (*Tiere nachahmen*), sehen die Werbeplakate des Safari-Parks (*Hand an die Augen legen*), schwimmen durch einen Fluß (*Schwimmbewegungen machen*) und klettern auf einen Baum, um den Weg genau zu erkunden (*so tun, als würdet Ihr klettern*).
Endlich sind wir dann angekommen.
Wir freuen uns und singen das Lied noch einmal.
Dabei klatschen wir uns mit den Händen auf die Oberschenkel, dann in die Hände usw.
Euch fallen bestimmt noch andere Geschichten und Bewegungen ein…

Manuelles Gestalten

Blastechniken

◆ Wir gestalten eine Wiese, indem wir Wasserfarben auf ein Blatt tropfen und mit einem Trinkhalm auseinanderblasen.

◆ Wir vermischen Fingerfarben mit Spülmittel, tropfen es auf Drachenpapier und zerblasen die Tropfen zu Mustern.

Rhythmik

◆ **Töne und Geräusche**

Wir ahmen Töne und Geräusche mit unserer Stimme und mit unserem Körper nach:

Kleine Uhr — tik-ke, tak-ke, tik-ke, tak-ke	— rhythmisch in die Hände klatschen
Große Uhren — tick-tack, tick-tack	
Kleine Glocke — bim-mel, bim-mel	— Hände schütteln
Große Glocken — bim-bam, bim-bam	— mit dem ganzen Körper schwingen
Kleine Fliege — sssssssssss ...	— mit ausgestrecktem Arm und Zeigefinger die Flugbahn beschreiben
Dicke Hummel — brummmmmmmmm ...	— mit dem ganzen Körper die Flugbahn durch den Raum beschreiben
Kleine Maus — trip-pel, trap-pel	— mit den Fingerspitzen über den Boden huschen
Großer Bär — trapp-trapp-trapp-trapp	— mit den Füßen auf den Boden stampfen.

◆ **Gehspiel**

Volksgut

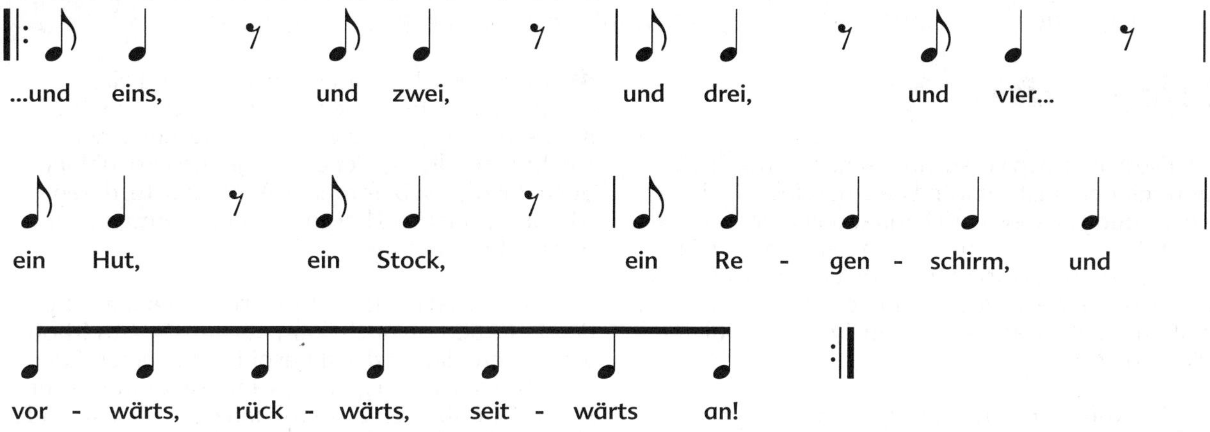

So wird gespielt:

Die Kinder laufen hintereinander oder in Reihen im Sprechrhythmus durch den Raum. Bei „vorwärts ..." bleiben die Kinder stehen und tippen mit einem Fuß vorwärts, rückwärts, seitwärts und an. Dieses Spiel kann beliebig oft wiederholt werden und ja nach vorheriger Absprache mal mit dem rechten und mal mit dem linken Fuß getippt werden.

siehe auch Lied „Glocken läuten" Heft 8, Seite 9.

Buch für Erzieher:
Rhythmik für alle Sinne von Susanne Peter-Führe, Verlag Herder, Freiburg/Basel/Wien 1994.

Religiöse Erziehung

Heilung eines Taubstummen

Markusevangelium 7,31-37
(Erzähltext für Kinder)

Jesus kommt mit seinen Freunden in eine Stadt.
Dort bringen einige Menschen einen Mann zu Jesus. Der Mann kann nicht hören und nicht sprechen. Um ihn ist es ganz still.
Er hört nicht die Stimmen der Menschen. Er hört nicht das Singen der Vögel.
Seine Ohren sind wie verschlossene Türen. Der Mann ist taub.
Der Mann kann auch nicht sprechen. Er ist auch stumm.
Er kann seinen Namen nicht sagen. Er kann nicht mit anderen reden. Jesus nimmt den taubstummen Mann beiseite.
Er berührt seine Ohren und seinen Mund und sagt: „Tu dich auf!"
Da spürt der Mann, daß er wieder hören und sprechen kann.

Es gibt viele Formen der Kommunikation

Information

◆ Die Menschen versuchten schon immer, sich untereinander zu verständigen, miteinander in Verbindung zu treten, sich mitzuteilen und auszutauschen. Hierzu dienten Zeichen aller Art. Damit Kommunikation funktioniert, braucht man einen Sender, eine Nachricht und einen Empfänger. Außerdem müssen Sender und Empfänger über die gleichen Zeichen verfügen.

◆ Die Kommunikation erfolgte und erfolgt einerseits direkt, von Angesicht zu Angesicht, über die Mimik, die Gestik, die Gebärde und die Sprache. Andererseits indirekt mit Hilfe von Nachrichtensystemen. Hierbei wird die Mitteilung in ein kommunizierbares Zeichensystem umgewandelt, wie z.B.:

— in die Schrift. Sie entstand vor etwa 5000 Jahren und gehört zu den entscheidenden Ereignissen in unserer Geschichte. Die Sumerer entwickelten ein Zeichensystem, das anfangs aus Bilderzeichen bestand. Später wurden nicht nur die Dinge selbst, sondern ihre sprachlichen Laute dargestellt. So wurden die Zeichen zu Trägern von Silben und Worten. Um 3000 v.Chr. war der Übergang von der Bild- zur Keilschrift vollzogen. Man schrieb sie auf weichen Ton.
Zur gleichen Zeit meißelten die Ägypter ihre Hieroglyphen in Stein oder pinselten sie auf Wände.

— Ende des 12. Jh. v.Chr. kam ein Alphabet mit 22 Zeichen in Gebrauch. Das Schreiben auf Papyrus führte ebenfalls zur Weiterentwicklung der Schrift.

— Bereits 500 v.Chr. gab es berittene Post und auch schon das Briefgeheimnis.
So verpackten die Assyrer ihre auf Ton geschriebenen Briefe in eine Tonhülle, die nochmals gebrannt wurde und vom Empfänger abgeschlagen werden mußte.
Griechische Feldherren schrieben ihre Nachrichten auf Pergamentstreifen, die um einen Stab gewickelt waren. Diesen Streifen konnte der Empfänger nur entziffern, wenn er einen Stab in gleicher Stärke besaß.
Die Geheimbriefe der Inkas bestanden aus verschiedenfarbigen Schnüren mit unterschiedlichen Knoten.

— Sehr alt ist auch die Nachrichtenübermittlung durch Feuersignale und Rauchzeichen. Schiffe verständigen sich noch heute durch Lichtsignale. verständigen. Auch Leuchttürme arbeiten mit Blinkfeuern.

— Im Altertum dienten auch Balkentelegraphen der Nachrichtenübermittlung. An einer hohen Stange wurden bewegliche Arme (Balken) angebracht, an deren Stellung man Nachrichten ablesen konnte. Ende des 18. Jh. wurde er in Frankreich neu entdeckt.

◆ Im frühen Mittelalter gab es bei uns kein organisiertes Postwesen. Nur die Kirche mit ihren Klöstern, Abteien und Bistümern betrieb einen Nachrichtendienst, der gegen geringe Bezahlung auch Privatpost beförderte. Auch Zünfte, deren Mitglieder im Land herumreisten, richteten Nachrichtendienste ein.

◆ Die großen Handelsstädte richteten die erste Postbeförderung nach Fahrplan ein. Die Stadtboten waren vereidigt und fest besoldet. Mit einer Klappe oder dem Posthorn gaben sie ihre Ankunft bekannt. Um 1500 gab es einen reitenden Botendienst. Ende des 17. Jh. fuhren die ersten Postkutschen. Allmählich wurde ganz Europa von einem fahrenden Postnetz überzogen. Durch einen fahrplanmäßigen Betrieb entstand eine schnelle und zuverlässige Nachrichtenübermittlung.
Erst im 19. Jh. wurden die Postkutschen durch die Eisenbahn und das Automobil abgelöst.

◆ Mit der Elektrizität kam auch das Telefon und die Telegraphie. Heute ermöglichen moderne Technologien, wie Rundfunk und Fernsehen, moderne Telefon- und Telefaxnetze sowie weltweit verbundene Computernetze vielen Menschen auf der ganzen Erde, immer und überall miteinander in Verbindung zu treten, Nachrichten zu vermitteln und zu verbreiten.

Gespräche

◆ Wir reden darüber, wie wir mit anderen in Verbindung treten. So können wir z.B.:
- miteinander reden
- miteinander telefonieren
- uns etwas im Radio anhören
- uns etwas im Fernsehen ansehen
- jemanden einen Brief, eine Postkarte schreiben
- ein Paket schicken ...

◆ Es gibt viele Menschen, die beruflich mit der Überbringung und Verbreitung von Nachrichten zu tun haben, wie z.B.:
- Postbote
- Rundfunksprecher
- Fernsehmoderator
- Kameramann
- Journalist
- Redakteur ...

◆ Es gibt auch verschiedene Hilfsmittel, die uns dabei helfen, Nachrichten zu übermitteln, wie z.B.:
- Telefon
- Telefax
- Rundfunk
- Fernsehen
- Computer ...

◆ Ferner gibt es verschiedene Transportmittel, die uns helfen, Nachrichten zu überbringen, wie z.B.:
- Fahrrad
- Auto
- Schiff ...
- Lastwagen
- Flugzeug

Ausgang

Wir besuchen
- ein Postamt
- eine Rundfunkanstalt
- eine Zeitung (Gemeindeanzeiger), wenn man so etwas durch Eltern vermittelt bekommt.
- Bei Spaziergängen achten wir darauf, wo es überall Briefkästen und Telefonzellen gibt.

Daß diese Ausgänge auch durch ausführliche Gespräche vorbereitet werden, versteht sich von selbst.

Spiele / Tätigkeiten

Rollenspiel

Wir spielen:

- Post
- Telefonieren
- Zeitungsreporter
- Rundfunkanstalt
- Fernsehstudio

Hierzu vielseitige Utensilien zur Verfügung stellen, wie z.B.: altes Telefon, alte Stempel, Briefwaage, Briefumschläge (selbst falten), Aufkleber oder Aufklebeetiketten, die wir als Briefmarken bemalen; Postsack, Tasche, Regal, auch Schachteln (zum Sortieren der Briefe), ein Holzblock als „Handy", „Mikrophon", alter Fotoapparat ...

Wörter suchen

Wir suchen Wörter, in denen das Wort Brief (und anderen Post, Paket, Telefon, Radio, Fernseher, Zeitung ...) vorkommt, wie z.B.: Postbote, Paketannahme, Telefonkarte, Kofferradio, Fernsehzeitung, Tageszeitung ...

Stille Post

Die Kinder sitzen im Kreis. Ein Kind flüstert seinem Nebensitzer einen kurzen Satz oder ein schwieriges Wort ins Ohr. Dieses gibt den Satz bzw. das Wort weiter. Der letzte sagt laut, was er verstanden hat. Danach sagt das erste Kind, welchen Satz bzw. welches Wort es auf die Reise geschickt hat.

Schnurtelefon

Aus zwei Teedosen oder zwei Joghurtbechern und einigen Metern Schnur basteln wir uns ein Schnurtelefon. Damit unser Telefon funktioniert, muß die Schnur beim Telefonieren gespannt sein. Ebenso können wir uns ein Telefon aus einem Gartenschlauch und zwei Trichtern fertigen.

Briefe schreiben

Wir schreiben bzw. malen Briefe an unsere Eltern (oder an eine andere Gruppe) die wir zur Post bringen, frankieren und auf dem Postamt in einen Briefkasten oder in einen Briefkasten in Kindergartennähe einwerfen.
Ebenso schicken wir an eine andere Gruppe ein Paket, das wir auf dem Postamt, nach dem wir die Paketkarte ausgefüllt haben, am Paketschalter abgeben.

Briefkasten

Aus Karton basteln wir einen Briefkasten für unseren Gruppenraum.

Collage

Ein Brief geht auf die Reise.

Eigene Zeitung

Wir gestalten eine Kindergartenzeitung.

Eigenes Kino

Auf gleich große Blätter malen wir Bilder, wie z.B. unseren Besuch auf dem Postamt. Die Bilder werden mit Klebestreifen aneinander geklebt, so daß sie ein langes Band ergeben. Aus Plakatkarton schneiden wir unseren Bildschirm aus und schneiden ihn rechts und links so ein, daß wir unser Bilderband durchschieben können.

Lebendige Bilder

Wir falten einen Papierstreifen. An den inneren Rand wird ein trauriges Gesicht und an den Rand darüber ein lachendes Gesicht gemalt. Nun wird der obere Papierstreifen auf einen Bleistift gewickelt. Durch schnelles Auf- und Abrollen wird unser Gesicht lebendig.

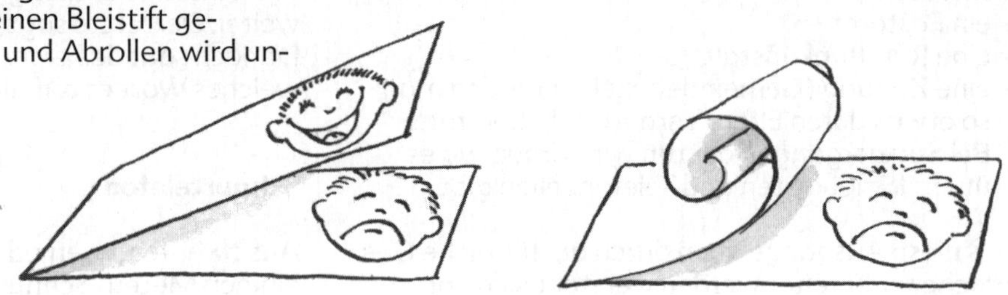

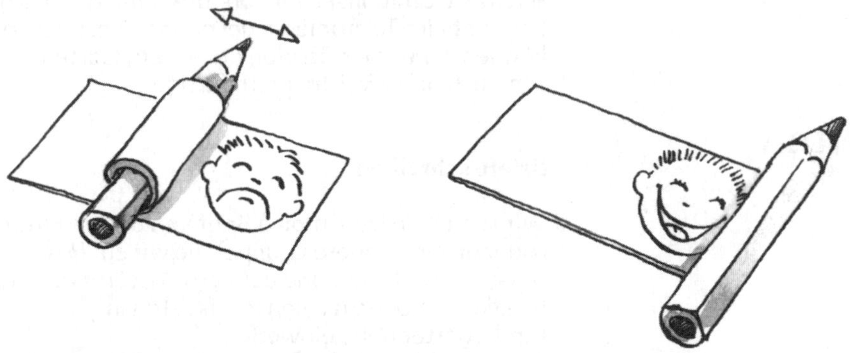

Verbindungen — Vernetzungen

Auf einem Blatt Papier setzen wir beliebig Punkte, die wir mit Strichen zu Mustern oder zu Formen verbinden.
Das gleiche können wir mit Nagelbrettern machen, auf denen wir Schnüre beliebig spannen und wieder verändern.

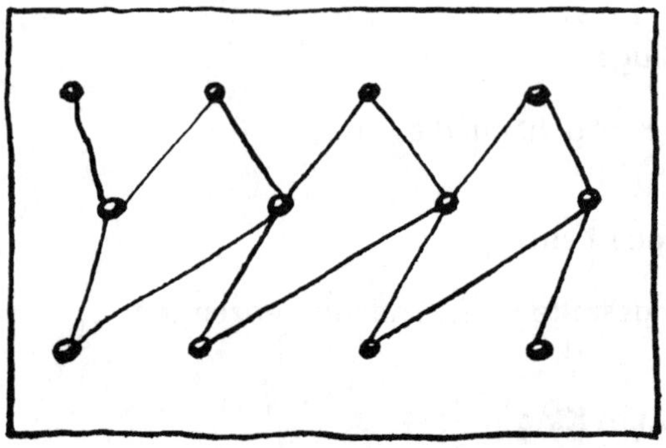

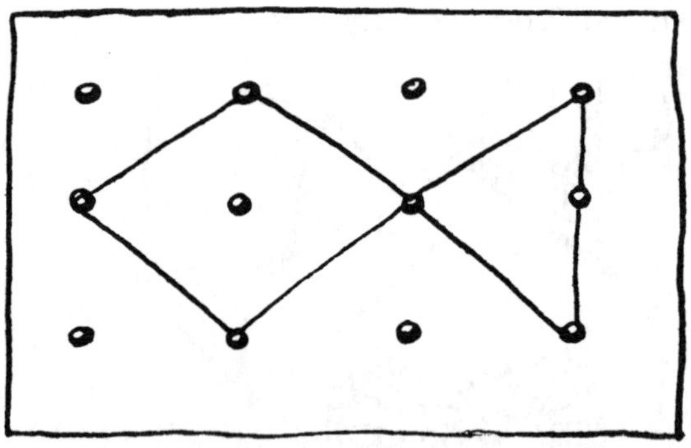

Spielerisches Erlernen einfacher Techniken

◆ Wir betätigen einen Casettenrecorder, indem wir z.B.:
— eine Geschichte anhören
— Musik anhören
— unsere Stimmen aufnehmen
— Musik aufnehmen
— Interview spielen ...

◆ Mit einer Kamera fotografieren wir:
— Bilder für unsere Kindergartenzeitung
— die Kinder unserer Gruppe
— Eindrücke bei Ausgängen ...

◆ Wir sehen uns im Kindergarten Filme an.
Etwas zur Unterhaltung und sicherlich auch etwas zu unserem Thema finden wir in der Kreisbildstelle.

Neu
Das Monster

Bilderbücher/ Sachbücher

Schönen Gruß vom Hasenfuß
von Christine Rettl/Winfried Opgenoorth. Verlag Heinrich Ellermann, München 1994.

Komm doch am Samstag
von Gabriele Auensen-Borgelt/Maria Wissmann. Wolfgang Mann Verlag, Berlin 1991.

Unsere Post
von Wolfgang Schleicher. Pestalozzi-Verlag, Erlangen, 5. Aufl. 1991.

Katzenpostamt
von Georg Bydlinski/Franz Hoffmann. Annette Betz Verlag im Verlag Carl Ueberreuter, Wien/München 1995.

Meister Bär wird Postbote
von Chizuko Kuratomi/Kozo Kakimoto. Meisinger Verlag, München 1988.

Brief an Bär
von Karlhans Frank/Astrid Schwarz. Breitschopf Verlag, 1989.

Briefe von Felix
von Annette Langen/Constanze Droop. Coppenrath Verlag, Münster 1994.

Neue Briefe von Felix
von Annette Langen/Constanze Droop. Coppenrath Verlag, Münster 1995.

Die verlorene Puppe
von Mike Dodd/Jean Richardson. Alibaba Verlag, Frankfurt 1993.

Post für den Tiger
von Janosch. Beltz Verlag, Weinheim/Basel, 22. Aufl. 1995.

Der Hasen-Express
von Bruce Koscielniak deutsch von Helme Heine. Gertraud Middelhauve Verlag, Köln 1991.

Die bunte Flaschenpost
von Lore Leher/Hetty Krist. Verlag Herder, Freiburg/Basel/Wien, 12. Aufl. 1994.

Hallo Briefträger
von Siegfried Aust/Wieland Schmid. Verlag Carl Ueberreuter, Wien 1993.

Kleiner Hase — großes Fest
von Inga Moore. Carlsen Verlag, 1994.

Tasso & Stocke — Bitte recht traurig
von Andreas Greve/Reinhard Michl. Verlag Friedrich Oetinger, Hamburg 1995.

Bruno verreist
von Achim Bröger/Gisela Kalow. Thienemanns Verlag, Stuttgart 1978.

Bruno und das Telefon
von Achim Bröger/Gisela Kalow. Thienemanns Verlag, Stuttgart 1983.

Aufstand der Tiere oder Die neuen Stadtmusikanten
von Jörg Müller, Jörg Steiner. Verlag Sauerländer, Aarau/Frankfurt/Salzburg 1989

Die Zeitungsmacher
von Mauri Kunnas. Verlag Friedrich Oetinger, Hamburg 1990.

Besuch im Fernsehstudio
Ein Buch zum Spielen mit Ausschneidebogen
von Ursula Lassert. Esslinger im ÖBV, Wien 1991.

Rund um die Post
von Siegfried Aust/Helge Nyncke. Ravensburger Buchverlag Otto Maier, 1988.

Wie die Bilder laufen lernten
aus der Reihe: Meyers Jugendbibliothek
Bibliographisches Institut & F.A. Brockhaus, Mannheim 1995.

Vorlesebuch

Joram schreibt einen Brief
von David Grossman. Carlsen Verlag, Hamburg 1991.

Bücher für Erzieher

Anruf genügt!
So funktioniert das Telefon
von Tom und David Smith. Kinderbuchverlag Luzern, 1993.

Aus der Reihe: **Praxisbuch Kindergarten**, im Verlag Herder, Freiburg/Basel/Wien:
Kreative Medienerziehung im Kindergarten
von Sylvia Näger, 1992.

Reime

Der Briefkasten

Der gelbe Kasten an der Ecke,
das ist ein tolles Ding,
zu dem laufen die Leute
mit ihren Briefen hin
und werfen sie hinein,
ganz gleich, ob groß, ob klein.

Am Abend so dann,
kommt das Postauto an,
der Postbote steigt heraus
und leert den Kasten aus,
er nimmt die Briefe mit,
ganz gleich, ob dünn, ob dick.

Renate Lüber

Das Telefon

In unser'm Haus das Telefon,
es klingelt oft am Morgen schon,
an manchen Tagen ununterbrochen,
beim Lesen, beim Waschen,
beim Putzen, beim Kochen.

Renate Lüber

1, 2, 3, 4, 5, 6, 7,
ein Tiroler hat geschrieben:
Liebe Mutter, sei so gut,
schick mir 'nen Tirolerhut,
nicht zu groß und nicht zu klein,
morgen soll die Hochzeit sein.

Volksgut

Abzählreim

1, 2, 3, 4, 5, 6, 7,
wer hat diesen Brief geschrieben?
Den für mich,
den für dich,
den für Bruder Friederich.
Einen Brief in die Türkei,
1, 2, 3,
und du bist frei!

Volksgut

Zungenbrecher

Ein Bige Boge Briefpapier,
Zwei Bige Boge Briefpapier,
drei Bige Boge Briefpapier,
... kann beliebig fortgeführt werden.

Volksgut

Der Kottbuser Postkutscher
putzt den Kottbuser Postkutschenkasten.

Volksgut

Rätsel

Er ist aus Papier
und reist von mir zu dir.
(Brief)

Renate Lüber

Der Briefträger trägt ihn aus,
er bringt ihn in jedes Haus.
(Brief)

Renate Lüber

Es ist ein gelber Kasten,
und er hängt an der Wand,
geleert wird er täglich,
sag, wie wird er genannt?
(Briefkasten)

Renate Lüber

Es ist ein kleiner Kasten
mit ganz vielen Tasten,
und manchmal macht es:
ring, ring, ring,
dieses kleine Ding.
(Telefon)

Renate Lüber

Ein Kasten ist es
und steht, ich denke,
fast in jedem Haus.
Mit einer Fernbedienung
schaltet man ihn ein und aus.
(Fernseher)

Renate Lüber

Geschichten

Das Nachrichtenband

Micha wohnt seit drei Wochen in dem gelben Hochhaus in der Gaßackervorstadt. Links steht das braune Hochhaus und rechts das grüne. Die Hochhäuser brauchen verschiedene Farben, sonst würde man sie nur schwer unterscheiden können.
Seit drei Wochen wohnt Micha jetzt hier, im neunten Stockwerk. Drei Wochen Langeweile sind das. Denn niemand kennt sich hier. Niemand ist neugierig auf die andern. Jeder geht seiner Wege. Der Fahrstuhl summt leise. Die Türen schließen sich fast geräuschlos und öffnen sich ebenso. Leute steigen ein oder aus. „Guten Tag", „guten Abend", „guten Morgen". Viel mehr wird im Hochhaus nicht gesprochen. Die Leute gehen zur Arbeit und kommen von der Arbeit. Und im übrigen will jeder für sich bleiben. Zwar gibt es einige Kinder im Hochhaus, das schon. Allerdings verteilt auf alle dreizehn Stockwerke.
Kein Mensch weiß, wo.
Micha hat sich am Anfang mit Treppenlaufen die Zeit vertrieben. Die Treppe hoch und runter. Mal eine Stufe nehmend, dann zwei, drei. Dann rückwärts hüpfend. Dann vorwärts auf allen Vieren, wie ein Tier schleichend. (Das Rentnerpaar vom siebenten Stock hatte vor Entsetzen aufgeschrien, als Micha so in der Abenddämmerung aus dem Hauseingang gekrochen kam.)
Nach zwei Tagen machte das Treppenspiel Micha keinen Spaß mehr. Und es fiel ihm nichts Neues mehr ein. Dösig hockte er in der Couchecke und blätterte Comic-Hefte durch. Mindestens zehn Kinder wohnten in diesem Haus. Da mußte man doch irgendwie rankommen! überlegte er.
Aus dem Nähkästchen seiner Mutter schauten allerhand Faden, Stoffe und Bänder hervor. Micha hatte einen Gedanken. Er stand auf, nahm eine Rolle Band aus dem Nähkästchen und schrieb auf einen Zettel: „Ich heiße Micha und wohne im Neunten", dann befestigte er sein neuestes Comic-Heft an dem Band und schrieb auf den Zettel: „Wer will, kann dieses Heft ausleihen! Aber bitte Namen auf den Zettel schreiben und Stockwerk."
Dann machte er das Fenster auf und ließ den Zettel ganz langsam mit dem Band und dem Comic-Heft an der Hauswand heruntergleiten.
Wie der Fischer mit der Angel am See wartete Micha mit seinem Band am Fenster.
Nach etwa fünf Minuten gab es einen Ruck.
Jemand machte sich an dem Band zu schaffen. Micha hielt jetzt das Band ganz fest und wartete einige Minuten, bevor er wieder einholte. Am Band zog Micha einen zweiten Zettel herein. Und noch ein Comic-Heft. „Petra, Zweiter", stand auf dem Zettel. Und: „Dein Comic ist alt, von letzter Woche. Hab ich schon lang gelesen. Ich leih dir den neuen aus, er ist von dieser Woche. Bitte, nach dem Lesen wieder herunterlassen."
Micha betrachtete die Schrift und stellte sich Petras Alter vor. Mindestens zehn, die konnte viel besser schreiben als er. Rasch las er den Comic durch und befestigte ihn wieder am Band. Außerdem befestigte er sein Taschenmesser mit dem Häkchen ans Band und schrieb einen neuen Zettel: „Comic zurück, danke. Kenn ich auch schon lang. Wenn du willst, kannst du dir mein Taschenmesser ein Weilchen ausleihen. Vorsicht, die mittlere Klinge ist besonders scharf!"
Auf diese Weise wanderten am selben Tag noch zwei Teddys, eine Puppe, ein angefangenes Flugmodell, ein halbes Abendbrot und eine Indianerkleidung an der Hauswand auf und ab. Und dann war wieder ein Zettel am Band befestigt: „Was macht ihr da? Ich heiße Paul und wohne im Fünften."
Nun kamen noch Sachen von Paul dazu. Und später – es war schon dunkel, und Micha hatte seine Taschenlampe am Band befestigt – noch Irmgard aus dem vierten und Kaspar aus dem ersten Stock.
„Die machen das nicht schlecht", sagte Herr Hubmaier, Petras Vater, zu seiner Frau, als Petra mit Pauls Cowboyhut in die Küche kam. „Wenn wir Erwachsenen uns nur auch so leicht kennenlernen könnten ..."

Frieder Stöckle

Aus:
Hans-Joachim Gelberg (Hrsg.)
Wie man Berge versetzt
1981 Beltz Verlag, Weinheim und Basel
Programm Beltz &Gelberg, Weinheim

Die Bodenmaus

Aus: Hanna Hanisch, KOPFKISSEN-GESCHICHTEN rotfuchs 283

Auf dem Dachboden stand ein alter Fernsehapparat. Der war kaputt. Er gab kein Bild, keinen Ton, kein Überhauptnichtsmehr von sich.
Manchmal schien der Mond durchs Dachfenster, und über den Mond huschten die Wolken. Dann gab es auf dem Bildschirm Wolkenmuster zu sehen, einmal hell, einmal dunkel.
Das gefiel einer Maus.
Die lebte schon lange hier oben. Es war eine echte Bodenmaus.
Jeden Abend sah sie das Mondprogramm an, sogar bei Neumond hockte sie vor dem alten Kasten.
Einmal kam die Katze geschlichen.
„Da bist du ja", sagte die Katze. „Gut, daß ich dich treffe. Ich werde dich fressen."
„Pst!" piepste die Maus und rührte sich nicht.
Als die Katze einen Buckel machte und fauchte, schimpfte die Maus. „Halt Ruhe! Siehst du nicht, daß die Sportschau läuft?"
„Wieso das?" fragte die Katze.
„Eine dicke Wolke läuft mit einer dünnen um die Wette. Was meinst du, wer gewinnt?"
„Keine Ahnung!" sagte die Katze. Sie starrte gespannt auf das Programm. Die Wolken huschten davon, federleicht.
„Tempo! Tempo!" quiekte die Maus und klatschte in die Pfoten. „Siehst du? Jetzt kommt eine dritte Wolke gezogen. Sie überholt alle beide. Mann, ist das aufregend!"
Der Katze gefiel es jetzt auch.
So sahen alle beide fern, Katze und Maus nebeneinander.
Aber leise schnurrte die Katze in ihren Bart: „Nach der Sportschau fresse ich die Maus doch!"
Und die Maus wisperte: „Abwarten und Tee trinken! Noch sind wir nicht soweit."
Die Katze wurde ungeduldig.
„Wieso hast du einen eigenen Fernseher, he?"
„Weil ich etwas Besonderes bin", piepte die Maus. „Eine echte Bodenmaus. Ich fresse niemals Speck oder Käse. Ich nage nur an alten Büchern oder Zeitungen. Darum bin ich sehr klug. Verstanden?"
Die Katze machte wieder einen Buckel. Es wurde gefährlich.
Die Maus zitterte.
„Es gehört sich nicht, eine Bodenmaus zu belästigen. Was willst du eigentlich von mir?"
„Dich fressen!" sagte die Katze.
„Warte erst die Wettermeldung ab", sagte die Maus. „Wenn es dunkel auf dem Bildschirm ist, gibt es Regen. Scheint der Mond hell und klar, wird es morgen schön. Aber davon verstehst du wohl nichts? Ich wette, du kannst nicht einmal bis drei zählen. Oder?"
„Ich kann sogar bis vier zählen", behauptete die Katze.
„Also gut. Beweise mir das", verlangte die Maus. „Stell dich an die Wand, halt die Pfoten vor die Augen und zähle:
Eins-zwei-drei-vier-Eckstein,
alles muß versteckt sein!
Hinter mir — vor mir — neben mir — über mir —
gilt nicht — ich komme!"
Das machte die Katze. Richtig wie beim Versteckspiel. Und als sie rief: „Ich komme!", da kam sie auch.
Aber wo war die Maus?
Verschwunden.
War nicht hinter, nicht vor, nicht neben, nicht über der Katze.
War einfach weg.
„So ein Mist!" schimpfte die Katze. „Die Maus hat mich reingelegt."
Wütend schlich sie vom Dachboden.
Der Mond schien auf die Mattscheibe und grinste. Bestimmt hat er gewußt, wo die Bodenmaus steckte. Aber verraten hat er es nicht.

Hanna Hanisch

Mäusepost

Herr und Frau Maus lebten glücklich zusammen in ihrer gemütlichen Erdwohnung auf dem Feld. Futter gab es reichlich, da sie in der Nähe eines Getreidefeldes wohnten. Doch eines Tage, es war eine Woche nach dem Besuch von Tante Magda aus der Stadt, sagte Frau Maus zu ihrem Mann: „Hier ist es zwar schön, aber doch etwas langweilig. Ich möchte etwas erleben, deshalb ziehe ich in die Stadt. Kommst du auch mit?" Aber der Mäuserich wollte nicht mitgehen. Er fühlte sich glücklich und zufrieden in seiner gemütlichen Erdwohnung.

„Also werde ich alleine gehen", sagte Frau Maus. Sie packte ihre Zahnbürste und andere wichtige Dinge in ihren kleinen Mäusekoffer. Der Mäusemann war ein wenig traurig, weil er nun bald alleine war. „Sei nicht traurig", meinte sie, „ich werde dir bald einen Brief schreiben."

Frau Maus gab ihrem Mann ein Abschiedsküßchen und machte sich um die Mittagszeit auf den Weg. Schon nach kurzer Zeit schmerzten ihr die Beine vom Gehen, und der Koffer war ihr viel zu schwer. Aber Frau Maus hielt tapfer durch. Gegen Abend war sie endlich in der Stadt angekommen. Sie sah schöne große Häuser, viele Geschäfte, breite Straßen und lärmende Autos. Da es langsam dunkel wurde, suchte sie einen Unterschlupf für die Nacht. Sie fand auch bald einen, und zwar im Keller eines alten Hauses. Müde von dem weiten Weg legte sie sich bald schlafen und träumte von dem anstrengenden Tag.

Am nächsten Morgen wachte sie auf, reckte und streckte sich und fand auch bald etwas Leckeres zum Frühstück: ein großes Stück Speck. Beim Essen mußte sie sofort an ihren lieben Mäuserich Fridolin denken, und sie beschloß, ihm gleich einen Brief zu schreiben. Aber zum Briefeschreiben braucht man ja bekanntlich einige Sachen, deshalb mußte sie zuerst einmal in ein Geschäft einkaufen gehen. Im Laden angekommen kaufte sie Briefpapier, Briefumschläge und einen bunten Stift. Mit ihren kleinen Mäusefüßchen trippelte sie in den nahegelegenen Park, setzte sich auf eine Bank und schrieb ihrem Fridolin einen lieben Brief. Sie faltete diesen zusammen und steckte ihn in einen Umschlag. Aber etwas fehlte noch! Was war es denn? Ach so, die Adresse. Also schrieb sie:

An die
Maus Fridolin
Große Erdwohnung 4
88314 Im Weizenfeld

Nun fehlte aber immer noch etwas. Was war es denn? Eine Briefmarke; also lief sie zur Post, um eine zu kaufen. Diese klebte sie rechts oben auf den Umschlag, und dann warf sie den Brief in den Briefkasten.

Am anderen Morgen machte die Maus Fridolin einen Spaziergang übers Weizenfeld und fühlte sich sehr einsam und alleine. Auf einmal hörte Fridolin ein ihm unbekanntes Geräusch und wollte gleich wegrennen. Doch eine freundliche Stimme rief: "Hallo, liebe Maus, ich bin der Briefträger und habe einen Brief für dich."

Fridolin blieb stehen und war ganz erstaunt. Ein Briefträger hier im Weizenfeld, das hatte es noch nie gegeben. Er freute sich riesig über den Brief, den er gleich öffnete und las: Lieber Fridolin, es gefällt mir hier in der Stadt sehr gut und es gibt hier viele interessante Dinge zu sehen. Ich habe bereits in einem alten Haus in der Lindenstraße 10 einen gemütlichen Keller gefunden. Es gibt hier leckere Speisen, Käse und Speck. Willst du nicht kommen?

Es wäre zu zweit noch viel schöner hier. Der Weg ist einfach zu finden. Wenn du kommen willst, schicke ich dir einen Stadtplan. Ich warte auf dich. Deine Frieda.

Fridolin überlegte nun, was er machen soll. Soll er in die Stadt gehen oder auf dem Weizenfeld bleiben?

Vielleicht könnt ihr, liebe Kinder, ihm weiterhelfen.

Hedwig Friedmann-Spath

Lieder

Postlied

Text: Renate Lüber/Melodie: Bernd Seitz

2. Mit seinem gelben Auto
da fährt er durch die Stadt,
und sein großes Postauto
er voller Pakete hat.

Refrain:
Der Postmann ist da,
der Postmann ist da!
Habt ihr ihn schon geseh'n?
Er hat heut' ein Paket für uns,
ist das nicht wunderschön!

Ich schau mir die Zeitung an

Text und Musik: Volker Rosin

Aus:
Volker Rosin
„Das ist unsere Welt"
Neue Lieder für Kinder von 3--10
Don Bosco Verlag, München

2. Vorne auf der ersten Seite
sehe ich nur fremde Leute.
Doch bereits auf Seite zwei
|: ist ein Fernsehstar dabei. :|

3. Auf der Zeitungsseite sieben
ist kein Bild, nur viel geschrieben.
Etwas weiter seh ich dann,
|: wie man Fußball spielen kann. :|

4. Halt, den Mann auf Seite zehn
hab ich doch schon mal gesehn.
Klar, jetzt fällt's mir wieder ein:
|: Er ist vom Hühnerzuchtverein. :|

5. Was ist das? Da seh ich ja
genau das Auto von Papa.
Mama sagt: Sei doch nicht stur,
|: das ist doch die Werbung nur. :|

6. So, nun will ich meine Ruh,
mach darum die Zeitung zu.
Morgen früh, das ist doch klar,
|: ist die neue Zeitung da. :|

Heut wanderte durch unsre Stadt

Text: Josef Guggenmos
Musik: Heinrich Rohr

Trara! Die Post ist da!

Volksweise

2. Trara! Die Post ist da! Trara! Die Post ist da!
O, Postillon, nun sag' mir schnell,
Was bringst du heute mir zur Stell'?
Wer hat von unsern Lieben
Uns aus der Fern geschrieben?
Die Post ist da! Trara, trara! Die Post ist da!
Trara!

3. Trara! Die Post ist da! Trara! Die Post ist da!
Geduld, Geduld, gleich pack' ich aus,
Dann kriegt ein jeder in sein Haus
Die Briefe und die Päckchen
Die Schachteln und die Säckchen.
Die Post ist da! Trara, trara! Die Post ist da!
Trara!

4. Trara! Die Post ist da! Trara! Die Post ist da!
Und wenn ihr's jetzt schon wissen müßt:
Der Onkel hat euch schön gegrüßt,
Wohl tausendmal und drüber,
Bald kommt er selbst herüber.
Die Post ist da! Trara, trara! Die Post ist da!
Trara

Kreispiele

Der Briefträger kommt

Überliefert

2. Ich möchte sie fragen, was sie für mich haben.
„So warte einen Augenblick.
Hier ist ein Päckchen, schwer und dick."
Auch recht schönen Dank!

3. Von Haus zu Haus trägt er Briefe aus,
zu Kellermann und Zimmermann,
zu Hofmann und zu Winkelmann
bis hoch unters Dach.

4. „Ein Brief für Herrn Bumm!"
Herr Bumm, der zog um!
„Da muß ich ihn zum Postamt nehmen
und einem andern Briefträger geben:
Trag du ihn doch rum!"

Klingelingeling, die Post ist da

Volksgut

So wird gespielt:

Ein Kind, das den Postboten spielt, geht im Kreis herum. Bei „und du kommst mit", nimmt es ein Kind aus dem Kreis mit und das Spiel geht weiter, bis keine Kinder mehr im Kreis sind.

Manuelles Gestalten

Bildschrift

Wir denken uns eine Bildschrift aus und malen sie auf Kärtchen. Wenn wir die Kärtchen richtig aneinanderreihen, können wir diese Bildschrift lesen.

Falten

– Posttasche
Wir falten eine Posttasche. Der Papierbogen sollte ca. 52 cm x 80cm groß sein.

Basteln

Wir basteln Utensilien für unsere Rollenspiele, wie z.B.:
– Stempel aus Korken
– Postregal aus Schuhschachteln ...

Malen

Wir malen Briefmarken.

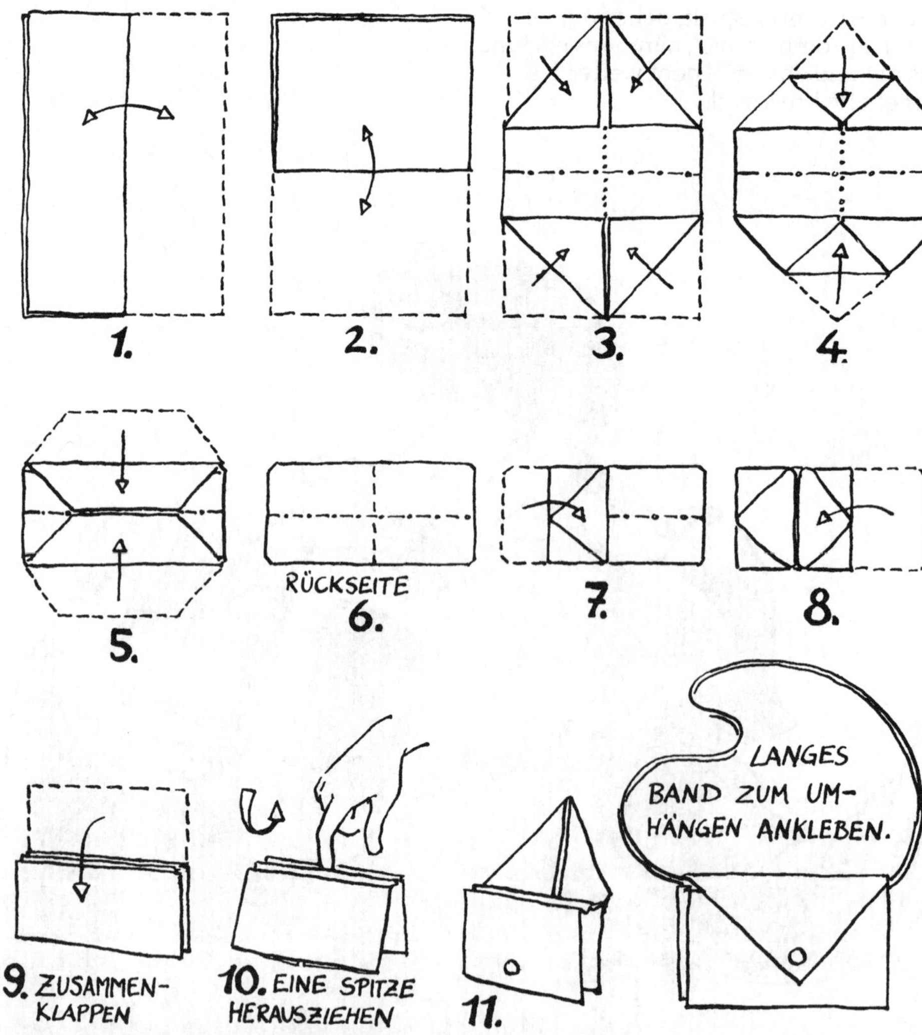

– Briefumschläge
Wir falten Briefumschläge aus einem Quadrat.
Hierzu werden alle vier Ecken zur Mitte gefaltet.

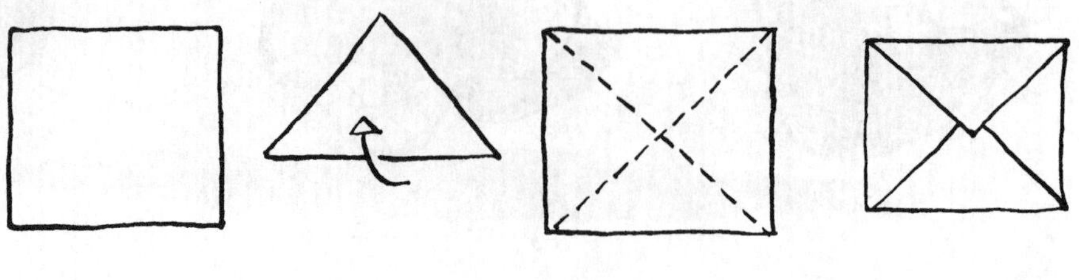

Rhythmik

Wir geben unterschiedliche Rhythmen über das Gehör weiter, in dem wir sie z.B. vorklatschen, vorklopfen, vortrommeln ...
Wir geben unterschiedliche Rhythmen über Tast- bzw. Hautsinn weiter, indem wir sie einem anderen Kind z.B. in die Handinnenfläche, auf den Rücken ... tippen oder klopfen.

Rhythmusbeispiele:

Religiöse Erziehung

Lied

Alletagelied

Aus:
Hans Baumann:
„Kinderlieder"
Text und Melodie
Hans Baumann

2. Daß ich hören kann, wenn Mutter lacht,
hören kann, was Vater zu mir sagt,
hören, wenn ein Vogel singt, wenn Musik im Park erklingt,
daß ich hören kann, was glücklich macht!

3. Daß ich fragen kann, wo bist du, wo?
Daß ich singen kann, das macht mich froh.
Daß ich sehen, hören kann, reden kann mit jedermann,
daß ich all das kann, das macht mich froh.

Wie ein Bilderbuch entsteht

Information

◆ Das Bedürfnis, Erlebtes aufzuzeichnen, Gedankengut weiterzugeben, Besitz zu dokumentieren ... ist so alt wie die Menschheit. Unsere Vorfahren malten auf Höhlenwänden; ritzten in Baumrinden, Knochen, Muscheln und Elfenbein; meißelten in Stein; schrieben auf Ton-, Wachs- und Schiefertafeln sowie auf Seide, Papyrus, Pergament und Papier.

◆ Vorläufer unserer Bücher waren beschriebene Tontafeln, die an einer Ecke mit einem Loch versehen und mit einer Lederschnur zusammengebunden wurden.

◆ Mit der Erfindung des Pergaments entstand das erste Buch der Geschichte. Der Kodex (Buch) löste die Schriftrolle ab. Die Blätter bestanden aus Lederstücken, aus behandelten Häuten von Schafen und Kälbern, die man faltete und zusammennähte.

◆ Die Bücher aus Pergament kosteten ein Vermögen und wurden deshalb mancherorts mit Ketten an den Wänden befestigt. Diese kostbaren Bücher entstanden für die Höfe von Königen und Fürsten und für die Kirchen.

◆ Die Chinesen, die bereits seit Jahrhunderten Papier aus Baumrinde, Lumpen und Fischernetzen herstellten, verkauften es sehr teuer. Niemand außer ihnen wußte um die Herstellung.

◆ Ende des 14. Jh. wurde die erste Papiermühle Deutschlands vor den Toren Nürnbergs erbaut. Das Papier fertigte man aus Lumpen, die Dutzende von Lumpensammlern zusammentrugen.

◆ Die Bücher aus Papier waren nicht mehr so teuer wie die Bücher aus Pergament. Da immer mehr reiche Leute Bücher besitzen wollten und man die von Hand geschriebenen Bücher nur durch Abschreiben vervielfältigen konnte, entstanden in vielen Großstädten richtige Schreibfabriken. In den Klöstern gab es, wie in den Jahrhunderten zuvor, Schreibstuben.

◆ Mit der Zeit kam man darauf, die Bücher nicht mehr durch Abschreiben, sondern durch Abdrucken zu vervielfältigen. Hierzu wurden die Buchseiten spiegelverkehrt auf Holzplatten geschrieben und das Holz um die Buchstaben ausgeschnitten.

◆ Mit einer Holzplatte konnte man bis zu dreihundert Buchseiten drucken, danach war sie verschlissen. Johannes Gutenberg erfand bewegliche Metallbuchstaben, die sich immer wieder zu neuen Worten zusammensetzen ließen. Bereits wenige Jahre nach seiner Erfindung entstanden in mehreren Städten Europas Druckereien.

◆ Das Papier wurde nicht mehr aus Lumpen, sondern aus Holz hergestellt. Die Druckpressen wurden ständig verbessert. Es kam die Zeit der Dampfmaschinen, der Motoren und der Elektrizität. Auch für das Setzen wurden Maschinen entwickelt.

◆ Heute wird mit vollautomatisierten und computergesteuerten Rotationsdruckmaschinen gedruckt. Gesetzt wird mit Computerschreibmaschinen, in denen der Text gespeichert und auf einem Bildschirm korrigiert werden kann. Er wird abfotografiert und mit Hilfe dieses Fotofilms entsteht die Druckvorlage.

◆ Der Begriff Bilderbuch stand ursprünglich für jedes mit Bildern versehene Buch. Die ersten Bilderbücher gab es bereits vor vielen Jahrhunderten. Sie hatten ihren Ursprung in der Zeit, in der der Großteil der Bevölkerung noch schriftunkundig war.

◆ Es waren keine Bilderbücher in unserem heutigen Sinn, die für Kinder gemacht wurden, sondern Bücher für Erwachsene, für ungeübte Leser. Die Mitteilung erfolgte über das Bild.

◆ Mitte des 15. Jh. wurde das Buch durch die Erfindung des Buchdrucks in größerer Auflage hergestellt. Man druckte überwiegend religiöse Bücher, ABC-Bücher und Fabelbücher, die mit vielen Holzschnitten und Kupferstichen ausgeschmückt wurden.

◆ Im 18. Jh. zeichnete man Märchen, Reime und Volkslieder auf, wie z.B. „Grimms Märchen"und „Des Knaben Wunderhorn".

◆ Mitte des 19. Jh. erschien eines der frühesten deutschen Bilderbücher, der „Struwwelpeter".

◆ Heute versteht man unter einem Bilderbuch ein für Kleinkinder entworfenes Buch. Kennzeichnend sind seine zahlreichen Illustrationen, versehen mit wenig oder gar keinem Text.
Auch viele Erwachsene sammeln Bilderbücher.

◆ Bilderbücher können informativ sein, sie können Lebenssituationen und Gefühle widerspiegeln und uns in Phantasiewelten entführen.

◆ In der Bilderbuchecke sollte man stets genügend Bilderbücher anbieten und nicht nur themenbezogen. Ein breites Spektrum, mit dem man allen Kindern gerecht wird, ist angebracht.

Gespräche

◆ Heute findet man in jedem Haus, in jeder Wohnung Bücher. Kinder haben Bücher, Erwachsene haben Bücher, fast jeder Mensch bei uns hat seine eigenen Bücher.
Im Kindergarten haben wir unsere Bilderbuchecke; Schulkinder nehmen ihre Schulbücher täglich mit zur Schule, und Erwachsene haben in ihrem Berufsleben mit Fachbüchern zu tun.

◆ Früher gab es nicht so viele Bücher. Ein Buch war etwas Besonderes. Nur Könige und Klöster sowie sehr reiche Leute besaßen Bücher. Damals wurde jedes Buch noch von Hand geschrieben, und es dauerte oft Jahre, bis ein Buch fertig war. Deshalb waren Bücher auch sehr teuer. Ein Buch kostete oft so viel wie ein ganzes Haus.

◆ Wenn man heute ein Bilderbuch machen möchte, braucht man zuerst eine gute Idee.
Diese gute Idee kann ein Schriftsteller, ein Autor haben, der Texte für Bilderbücher schreibt, oder ein Künstler, ein Illustrator, der die Bilder für Bilderbücher malt.

◆ Mit ihrer Idee wenden sich die Autoren und Illustratoren an einen Verleger. Im Verlag ist der Lektor für neue Ideen zuständig. Er liest den Buchentwurf, das Manuskript, sieht sich die Bilder an und überlegt, ob die Idee gut ist und ob sich diese Idee auch als fertiges Buch verkaufen läßt.

◆ Oft ist es aber auch der Lektor, der eine Idee für ein Bilderbuch hat und sich dann einen passenden Autor und Illustrator für die Verwirklichung dieser Idee sucht.

◆ Wenn das Manuskript fertig ist, d.h. alle sich einig sind, wie das Buch werden soll, wird der Text am Computer gesetzt.
Die Bilder werden mit einem besonderen Fotoapparat, einem Scanner, der die Farben einzeln aufnimmt (Gelb, Rot, Blau und Schwarz), fotografiert. Diese Fotos kommen auf Druckplatten, und die Farben werden übereinander gedruckt. Die Schrift wird Schwarz gedruckt.

◆ Die bedruckten Papierbögen werden gefaltet, zusammengenäht, zurechtgeschnitten und gebunden. So entsteht das gleiche Buch ganz oft. Die fertigen Bücher verkauft der Verleger an die Buchhändler. Und in der Buchhandlung kaufen wir neue Bücher für unseren Kindergarten.

Ausgang

Wir besuchen

- in einer Buchhandlung die Kinderbuchabteilung, in der wir uns ein Bilderbuch kaufen;
- eine Bücherei und leihen uns dort Bücher aus;
- eine Buchbinderei, in der wie eventuell ein beschädigtes Buch reparieren lassen;
- eine Druckerei;
- ein Museum oder eine Ausstellung, in der wir ein altes handgeschriebenes Buch sehen können.

Einladung

- Wir laden einen Bilderbuchautor/Illustrator/ Fotograf zu uns in den Kindergarten ein.
- Wir organisieren eine Buchausstellung in unserem Kindergarten.
- Wir veranstalten einen Elternabend zum Thema „Bilderbuch“.

Spiele / Tätigkeiten

◆ Rollenspiel

- In der Bücherei
- In der Buchhandlung

◆ Papier herstellen

Wir stellen Papier her.
Dazu brauchen wir:
- viele alte Zeichnungen
- Eimer und große Plastikschüsseln
- großen Schneebesen oder Bohrmaschine mit Rühreinsatz
- Schöpfrahmen (Holzrahmen mit Fliegengittern bespannt)
- alte Küchentücher oder Zeitungen mit Löschpapier oder Küchenkrepp
- große Bretter oder Wellholz

Herstellung:
Das Papier kommt als Schnipsel in die bis gut zur Hälfte mit warmem Wasser gefüllten Eimer und wird so mehrere Stunden eingeweicht. Mit dem Schneebesen oder dem Rührstab wird der Brei zu einer weichen Masse geschlagen, in eine große, breite Schüssel gefüllt und nochmals durchgerührt. Nun können wir mit dem Papierschöpfen beginnen. Der Schöpfrahmen, der natürlich kleiner als unsere Schüssel sein muß, wird ganz in die Schüssel eingetaucht und waagrecht herausgehoben. Nachdem das Wasser abgetropft ist, wird der Papierbrei auf ein feuchtes Handtuch gekippt und wieder mit einem feuchten Handtuch bedeckt. So kann man mehrere Papierbreischichten übereinanderlegen. Zum Auspressen wird eine große Holzplatte aufgelegt und mit Steinen beschwert. Nach dem Trocknen können wir unser Papier beliebig beschriften, bemalen, bedrucken ...

◆ Lieblingsbuch

- Wir bringen unser Lieblingsbuch in den Kindergarten mit.

◆ Bilderbuch gestalten

- Wir entwerfen und gestalten miteinander ein Bilderbuch (Gruppenbilderbuch). Zum Inhalt könnte ein Zoobesuch, ein Spaziergang im Wald, ein Fest, ein Kinderreim, ein Märchen ... werden.
- Wir entwerfen und gestalten ein Fühlbuch

Wenn das Kindergartenpersonal oder die Eltern Beziehungen zu einer Druckerei haben, können wir unser Buch auch drucken lassen.
Je nach Möglichkeit und finanziellen Mitteln können wir unser Buch in einer Buchbinderei binden lassen, in einem Copy-Shop mit einer Spiralbindung zusammenfügen oder mit einem Locher lochen und mit einer Kordel zusammenbinden.

Bilderbücher/ Sachbücher

Was macht die kleine Maus am Meer
Eine Geschichte ohne Worte von Felix Monique. Verlag Jungbrunnen, Wien/München 1983.

Die Bücherhasen
von Claude Boujon. Moritz Verlag, Frankfurt 1994.

Karl-Emanuel, der Lesehamster
von Florence Desmazures/ Bernadette Pons. Boje Verlag, Erlangen, 2. Aufl. 1993.

Erzähl doch weiter Vladimir
von Thomas Missen/Renate Schaefer. Atlantis Kinderbücher im Verlag Pro Juventute, Zürich 1992.

Wie kommt der Wald ins Buch?
Irmgard Lucht erzählt vom Bildermalen und Büchermachen. Verlag Heinrich Ellermann, München, 2. Aufl. 1990.

Das Buch erobert die Welt
Vom Schreiben und Büchermachen von Dimiter Inkiow/Rolf Rettich. Orell Füssli Verlag, Zürich/ Wiesbaden 1990.

Vom Holz zum Papier
von Ali Mitgutsch. Sellier Verlag, München 1990.

Aus der Reihe:
Der Guckkasten
im Saatkorn Verlag, Hamburg:
Das Papier, 1990.

Aus der Reihe:
Der rote Faden
im Dr. Hans Peters Verlag, Hanau/Salzburg/Bern:
Papier
von Annabelle Dixon/Ed Barber, 2. Aufl. 1991.

Aus der Reihe:
Die Welt erkennen,
im Ravensburger Buchverlag, Otto Maier:
Die Welt der Büchermacher
von Claude Lapointe, 1991.

Das kleine Museum
von Alain LeSaux/Grégoire Solotareff. Moritz Verlag, Frankfurt 1994.

Fühlbilderbücher siehe Heft 14, Seite 7.

Bücher für Erzieher

Bücher machen Kinder stark
... und Lesen macht das Leben schön
von Ursula Meier-Hirschi. Verlag Pro Juventute, Zürich 1994.

Aus der Reihe:
Mit Kindern basteln,
im Englisch Verlag, Wiesbaden:
Drucktechniken
von Margot Weiß, 2. Aufl. 1992.

Zeichnen, Malen, Drucken
von Beate Weise. Rowohlt Taschenbuch Verlag, Reinbeck bei Hamburg 1987.

Papierschöpfen
Technik, Färben, Gestalten
von Traudel Hartel. Ravensburger Buchverlag Otto Maier 1993.

Kunstwerkstatt Papier
Schöne Papiere schöpfen und gestalten
von Sophie Dawson. Christophorus-Verlag, Freiburg 1994.

Reime

Ein Hund, ein Schwein, ein Huhn, ein Hahn

... und von anderen Tieren

Lesestunde

Ein Hund, ein Schwein, ein Huhn, ein Hahn,
ein Specht, der gerade zu Besuch,
die fanden hinterm Haus ein Buch --
was haben da die fünf getan?
Sie riefen alle laut: „Mal sehn,
was mag auf Seite eins wohl stehn?"

„Oi oi oi oi", so las das Schwein.
Da sprach der Hund: „Das kann nicht sein.
Da steht wau wau wau wau wau wau."
Der Specht rief gleich: „Ich seh's genau,
da steht tak tak tak tak tak."
Das Huhn las eifrig: „Gack gack gack."
Hell schrie der Hahn: „Das stimmt doch nie,
da steht kikerikikriki!"

Die Eule hörte das Geschrei
im Tagversteck und flog herbei.
Nun sprach der Hahn mit wilden Augen:
„Das dumme Buch kann nicht viel taugen,
denn jedem lügt's was andres vor."
Die Eule hielt es an ihr Ohr:
„Mir sagt das Buch, es läg daran,
daß keiner von euch lesen kann."

Hans Baumann

Die Maus

Die Maus, die ist im Haus
und kommt heut' nicht heraus.
Sie liegt sehr lang im Bett
und findet dies ganz nett.

Die Maus, die ist im Haus
und kommt heut' nicht heraus.
Sie nascht vom leck'ren Speck
und will heut' gar nicht weg.

Die Maus, die ist im Haus
und kommt heut' nicht heraus.
Sie hört Musik aus dem Radio
und tanzt dabei wie ein Floh.

Die Maus, die ist im Haus
und kommt heut' nicht heraus.
Und nachmittags um vier,
da klingelt es an der Tür.

Die Maus, die ist im Haus
und komm heut' nicht heraus.
Da draußen steht ein Mäuserich
und sagt: „Ich liebe dich!"

Hedwig Friedmann-Spath

Rätsel

Ich habe Blätter, doch ohne Stiele,
zwei Deckel und der Seiten viele.
(Buch)

Volksgut

Bunt ist der Deckel,
bunt ist es innen,
sind lustige Verse
und Bilder drinnen.
(Bilderbuch)

Volksgut

Du klappst es auf
und blätterst darin,
sind viele Bilder
und Wörter drin.
(Bilderbuch)

Hedwig Friedmann-Spath

Es steht im Regal,
du holst es heraus,
du blätterst dann
und schaust dir
bunte Bilder an.
(Bilderbuch)

Hedwig Friedmann-Spath

Lieder

Bilderbuch-Lied

Text: Renate Lüber/Melodie: Bernd Seitz

2. Vielleicht wird es ein Märchenbuch
   mit einem schönen Schloß,
   mit König und mit Königin,
   mit Reiter und mit Roß.

3. Vielleicht wird es 'ne Clowngeschicht',
   die finden wir so schön,
   mit vielen bunten Bildern drin,
   ganz lustig anzusehn.

Fantastische Geschichten

Text und Musik: Hoffmann

Aus: Klaus W. Hoffmann u. Rudi Mika „Wie kommt die Maus in die Posaune?" Aktive Musik, Dortmund

2. Geschichten weiß ich, da staunst du nur,
vom Mäuschen im Instrument,
vom Kinderclown, der so sein will, wie
ein Fernsehstar, den man kennt,
vom Narren, der uns den Spiegel zeigt,
vom Handschuh, der streicheln kann,
von Kitzelmich und von Streichelmich,
dem Zwerg und dem Heinzelmann.

Refrain

3. Geschichten weiß ich, da staunst du nur,
von Lügen mit Kopf und Bauch,
mit Schwänzchen, ganz kurzen Beinen und
'ner Haut wie ein Gummischlauch,
vom Fernseher, der all das, was er
auf seinen Kanälen fand,
verdrehte und kräftig mischte, bis
sein eig'nes Programm entstand.

Refrain

Manuelles Gestalten

Drucken

Wir drucken in verschiedenen Techniken.

Bilderbuch

Jedes Kind fertigt sein eigenes kleines Bilderbuch. Hierzu denkt es sich eine Geschichte aus.
Für das Buch falten wir einige Blätter in der Mitte, legen sie übereinander und nähen sie mit einem Faden zusammen. Man kann sie auch mit einem Heftapparat zusammenklammern.

Auf die Vorderseite kommt der Name des jeweiligen Kindes und der Buchtitel, den uns das Kind vorgibt.
Nun kann die Bildgeschichte gemalt werden. Wenn das Kind einen kleinen Text dazu möchte, diktiert es uns diesen, und wir schreiben ihn auf die jeweilige Seite.

Spielturnen/Rhythmik

Wir spielen Phantasiegeschichten, die wir mit Klangkörpern untermalen.
(wie beispielsweise Klanghölzern, Rasseln, Cymbeln...)

Religiöse Erziehung

In der Bibel ist das Leben von Jesus aufgeschrieben. Früher, als nur wenige Menschen lesen konnten, wurden Bibeltexte auch in Bildern dargestellt. Heute gibt es Kinderbibeln und viele Bilderbücher, in denen vom Leben Jesus erzählt wird.

Praxishilfen für den Kindergarten

Renate Lüber
unter Mitarbeit von
Hildegard Enderle und
Barbara Schmid
Praxishilfen für den Kindergarten
Heft 1-6, je 48 Seiten mit 3 farbigen Planungspostern von Barbara Moßmann, geheftet

Heft 1:
Ein neues Kindergartenjahr beginnt/Hier bin ich zu Hause/Danke - Erntedank
ISBN 3-451-21701-5
Heft 2:
Was ist das für ein Wetter heut'?/Wintervorbereitungen von Mensch und Tier/ Winter, Schnee und Eis
ISBN 3-451-21702-3
Heft 3:
St. Martin/ St. Nikolaus/ Weihnachtszeit
ISBN 3-451-21703-1
Heft 4:
Fastnacht/Frühling/Ostern
ISBN 3-451-21704-X
Heft 5:
Wir feiern Sommerfest/ Unser Körper/Meine Familie und ich
ISBN 3-451-21705-8
Heft 6:
Der Herbstwind läßt die Drachen steigen/Ernährung/Vom Korn zum Brot
ISBN 3-451-21706-6

Renate Lüber
unter Mitarbeit von
Hildegard Enderle und
Hedwig Friedmann-Spath
Praxishilfen für den Kindergarten
Heft 7-12, je 48 Seiten mit 3 farbigen Planungspostern von Barbara Moßmann, geheftet

Heft 7:
Die vier Jahreszeiten/Licht und Wärme im Frühling/ Unsere Nahrung
ISBN 3-451-21707-4
Heft 8:
Wie viele Tage hat die Woche, wie viele Monate das Jahr?/Auf dem Bauernhof/Sonne, Mond und Sterne
ISBN 3-451-21708-2
Heft 9:
Wachsen und sich entwickeln/Heute feiern wir Geburtstag/ Ferien - sich erholen
ISBN 3-451-21709-0
Heft 10:
Miteinander - Füreinander/ Berufe/Winter - die Welt ruht sich aus
ISBN 3-451-21710-4
Heft 11:
Komm, lieber Mai/Die Schöpfung/Unsere Umwelt - die Welt, in der wir leben
ISBN 3-451-21711-2
Heft 12:
Tag und Nacht - Licht und Schatten/Der Verkehr/ Feste und Feiern im Herbst
ISBN 3-451-21712-0

Praxishilfen – pädagogische Impulse und Anregungen für die tägliche Arbeit im Kindergarten. Praktische und kompetente Hilfe für jede Erzieherin.

Renate Lüber
unter Mitarbeit von
Hildegard Enderle und
Hedwig Friedmann-Spath
Praxishilfen für den Kindergarten
Heft 13-15, je 48 Seiten mit 3 farbigen Planungspostern von Ines Rarisch, geheftet

Heft 13:
Abschied vom Kindergarten/ Unser Dorf - unsere Stadt/ Wohnen - früher und heute
ISBN 3-451-21713-9
Heft 14:
Mit allen Sinnen wahrnehmen/Wir machen Musik/ Hüpfen, Springen, Tanzen
ISBN 3-451-21714-7
Heft 15:
Unsere Sprache/Es gibt viele Formen der Kommunikation/Wie ein Bilderbuch entsteht
ISBN 3-451-21715-5